Ernesto Grassi

Reisen ohne anzukommen

Eine Konfrontation mit Südamerika

C. Bertelsmann Verlag

Schutzumschlag Franz Wöllzenmüller
Foto: Ferdinand Anton
Bearbeitete und erweiterte Neuauflage

Gesamtherstellung Mohndruck Reinhard Mohn OHG, Gütersloh
ISBN 3-570-02167-X Printed in Germany

Den Freunden
in der geistigen Heimat
Carl Linfert, Wilhelm Szilasi,
Thure von Uexküll,
Juan Gomez Millas
und Vicente Ferreira da Sylva

»Doch brechen
aus weitem Gebiet der Finsternis
laut brausend herein
auch Ströme der Nacht.«

Inhalt

Vorwort

Die Konfrontation

Die vorliegenden Aufzeichnungen über die Begegnung mit dem südamerikanischen Kontinent sind aus der ständigen Überprüfung europäischer Kategorien und Grundbegriffe entstanden: Sie sind also weder Ausdruck eines Verzichtes auf unsere europäische Welt noch eine äußerliche Schilderung der südamerikanischen Realität. Raum, Zeit, Wort, Kunst usw., alles erhält drüben erneut eine ursprüngliche Bedeutung, die wir in Europa vielfach vergessen haben; denn drüben ist nichts von jener Selbstverständlichkeit, die so oft das Eigentliche verdeckt.

Es ist wohl eine alte Erfahrung, daß man immer wieder gerade dort zum Bewußtsein der eigenen Wirklichkeit gelangt, wo einem alles ungewohnt und fremd erscheint, wo nichts in schon vorgezeichneten Linien eingefaßt ist und wo es alles neu einzuordnen gilt. Daher sind bei einer solchen Aufgabe manche unserer Grundbegriffe zu überprüfen und neu zu konzipieren. Aber gerade dann zeigt sich auch erst, ob unsere europäischen Maßstäbe lebendig und wir selbst tatsächlich fähig sind, zu neuen Formen der Wirklichkeit, des Erlebens, Erfahrens und Fragens vorzudringen.

Es mag sein, daß dieses Suchen – das Konfrontieren

Europas mit etwas, das außerhalb seiner Grenzen liegt – paradox anmutet. Doch vielleicht sollte man daran eher erkennen, daß die europäische Situation selbst paradox geworden ist, eben weil man die Bewährung Europas heute teilweise außerhalb seiner Grenzen suchen muß. Eine solche Paradoxie liegt freilich in der Entwicklung einer jeden Kultur, die sich bewähren will: Sie kann die Verwirklichung dieses Zieles nur anstreben, wenn sie zum Offensein gegenüber dem Neuen entschlossen ist, einem Offensein, das manche der schon angeeigneten Kategorien sprengen und erneuern wird.

Das Wesentliche der Begegnung eines Europäers mit Südamerika besteht darin, daß in ihm ganz allmählich der Zweifel wach wird, ob er wirklich noch im Besitz einer festgefügten Welt ist und ob unsere Realität der Konfrontation mit jener fremden Wirklichkeit standhalten kann. Dieser immer heftiger in uns aufsteigende Zweifel färbt dann unsere weiteren Erfahrungen, erfüllt uns mit einem Gefühl des Unheimlichen und der Angst, das die spanischen Entdecker wahrscheinlich nicht gekannt haben, gerade weil sie in sich selbst eine festgefügte Welt mitbrachten. Die düsteren und oft verzweifelten Erlebnisse sind aber nicht Ausdruck von etwas rein Negativem: Wir sind vielmehr überzeugt von der Notwendigkeit, daß man durch diese Erlebnisse des Andersartigen hindurchgehen muß, um das Neue schildern zu können und somit die eigene Entschlossenheit zum Neuen zu erweisen.

Wir möchten hier dem Beispiel von Johannes v. Müller – in seiner Einleitung zu J. G. Herders Persepolis-Schrift im Jahre 1820 – folgen und wie er keine Angst davor haben, die traditionelle »akademische Konferenz« zu verlassen, d.h. in einer nichttraditionellen wissenschaftlichen Form Fragen aufzuwerfen:

Es geht uns nicht um rationale und abstrakte Theorien. Von Müller schreibt: »Bei Eröffnung des historischen Teils der Schriften des verewigten Verfassers treten wir nicht in akademische Konferenzen über die Erörterung der genauen Wahrheit einzelner Tatsachen; und nicht an einen Schrank, der die mühsamen Sammlungen und schweren Untersuchungen gelehrten Fleißes enthält: Wir sind an der Pforte eines Tempels der verschiedenen Jahrtausende und Jahrhunderte, deren Geschlechter an Säulen, unzerstörbarer als Tshilminar, Schilde aufhängen, welche die Summe ihres Strebens, Thuns und Leidens enthalten.«

Uns lag daran, an die Probleme, die wir hier im folgenden nach und nach aufzeigen wollen, auf dem Wege über unmittelbare Erlebnisse heranzutreten. Deshalb haben wir den Schilderungen viel Raum gegönnt. Sie haben vor allem den Zweck, im Leser dieser Aufzeichnungen jene Stimmungen und Gefühle zu erwecken, aus denen heraus die erörterten Fragen ihren Sinn erhalten. Denn in den Stimmungen liegt die Bereitschaft und die Voraussetzung zu den Fragen, die uns angehen: Festhalten am Ursprung des Uns-Angehenden, das ist es, was wir mit der Schilderung jener Welten bewirken wollten.

Wenn wir schon auf Worte zur Einleitung einer Schrift Herders zurückgegriffen haben, so wollen wir in diesem Zusammenhang noch an die folgenden Sätze von Herder selbst erinnern: »Wenn Pope sein Gedicht vom Menschen mit der Wahrheit anfängt, daß in unserm umgränzten Leben uns wenig mehr nachgelassen sei, als ›umherzusehen und zu sterben‹, so meint er mit diesem *Umherzuschauen* wohl etwas mehr, als ein bloßes *Anstaunen* der Dinge, das manche Tiere mit uns gemeinsam haben würden. Verwunderung ist das erste Kind der Neugierde; sie muß aber auch eine Mutter der Untersuchung werden. Ein Reisender, der von seiner Wallfahrt unter Trümmern und Denkmahlen nichts als die Wahrheit zurückbrächte, ›daß alles eitel sei‹, und der seine gewonnene Gleichgültigkeit mit dem Namen der Ruhe eines Weisen beehrte, hätte damit nicht viel gewonnen, sondern vielleicht an seiner ehemaligen Wirksamkeit in einem eingeschränkteren Kreise verloren.«

Neugierde erwecken, Verwunderung auslösen und zum Mitvollziehen zwingen, nicht Wahrheiten ableiten, beweisen: deswegen haben wir die Entscheidung getroffen, auf akademische Erörterungen zu verzichten. Denn wir glauben, daß heutzutage das philosophisch Bedeutsame eher in Weltoffenheit und direkter Erfahrung wächst und sich offenbart als in reiner Schreibtisch-Meditation. Die Differenzierung unseres Geisteslebens hat zur Folge, daß sich die einzelnen Bereiche des menschlichen Daseins immer mehr gegeneinander abgrenzen und verselbständigen, um in gelehrten Disziplinen ein Sonderdasein zu führen: ein Grundzug des wissenschaftlichen Denkens, gegen den die italienische humanistische Tradition immer wieder gekämpft hat. (Vgl. E. Grassi, *Humanismus und Marxismus. Zur Kritik der Verselbständigung von Wissenschaft. Mit einem Anhang Texte italienischer Humanisten*, Reinbek 1973.) In dieser Isolierung verlieren die Einzelwissenschaften den lebendigen Kontakt mit den anderen wissenschaftlichen Teilbereichen und vor allem mit der historischen Realität.

Was diese Entwicklung bedeutet, erfahren wir heute in den Naturwissenschaften, die sich sehr oft in der Anwendung ihrer Ergebnisse gegen das Leben und gegen den Menschen wenden – und wir erfahren es in der Philosophie, deren Sinn und Verantwortung für das Dasein des Menschen immer mehr verlorengeht.

Will man versuchen, dem theoretischen Leben, d. h. der Philosophie, wieder einen Sinn zu geben, so muß man das Entstehen der Fragen und damit den Anfang des Reflektierens sichtbar machen. Das geht aber nur so, daß man den Leser die konkreten Anlässe miterleben läßt, an denen sich philosophische Fragen entzünden, und daß man ihn auf dem ganzen Weg begleitet, den das Reflektieren durchschreitet. Nicht nur soziologische Feststellungen – wie man heute glaubt und wie es heute Mode geworden ist – sind der mögliche konkrete Ausgangspunkt der Reflexion.

Dieser Weg vollzieht sich in drei Phasen. Die erste erfahren wir in den konkreten Anlässen unseres täglichen Lebens, und zwar dort, wo wir mit den überlieferten Ordnungsprinzipien nicht mehr zurechtkommen, dort also, wo uns das Leben die Fragen und das Reflektieren aufzwingt. In der zweiten Phase versuchen wir, das Neue zu ordnen, das der Widerspruch zu unseren bisherigen Weltentwürfen gebracht hat, während die dritte Phase den Weg umfaßt, auf dem die Theorie sich zum konkreten Dasein zurückwendet und nun die neugewonnenen Entwürfe im Strom der Erfahrung erprobt.

So wichtig das Theoretische auch sein mag – es ist doch nur ein Akt des menschlichen Daseins, eingefügt in das Erleben und Werden des Menschen, d. h. in den ganzen Rahmen des Dramas, darin er sich mit der Welt und mit sich selbst auseinandersetzt und Aufschluß über den Gang der Handlung sowie über die Rolle, die ihm dabei zugedacht ist, zu finden hofft: Humanisierung der Natur, der Realität, der auch der Mensch selbst angehört mit seinen sämtlichen, ständig sich wiederholenden Irrtümern, Gewalttaten und Schändlichkeiten.

Barano d'Ischia, Testaccio 1973

I

Die Auflösung der Geschichte und der geschichtlichen Kategorien

1. Die Zeiterfahrung und das An-gehende

Die Eindrücke, die wir auf dem südamerikanischen Kontinent erfahren, bleiben nahezu unverständlich, wenn wir nicht zuvor die spanische Welt – und sei es nur oberflächlich – kennenlernen. Deshalb wollen wir zunächst von dieser Welt sprechen. Was die Begegnung mit Spanien so erregend macht, ist, daß wir als Europäer an dieses Land mit ganz bestimmten Begriffen von Menschlichkeit, von Kultur herantreten, die dort weder hinreichend sind noch sich als zutreffend erweisen. Diese Begriffe stellen geläufige Ideale und Werte dar, die uns Europäern durch Erziehung und Tradition zuteil wurden. Sie sind aber in Spanien von sehr geringer Gültigkeit; man merkt sogleich, daß Spanien die Erfahrung verschiedener Kulturformen durchgemacht hat, so daß uns ganz fremde Entwürfe dort geahnt und verwirklicht worden sind. Hieraus entsteht eine Verwirrung, die uns vor neue Probleme stellt, denen wir teilweise dann auch drüben – auf dem neuen Kontinent – begegnen werden.

Flaubert schildert in seiner Erzählung »Die Versuchungen des Heiligen Antonius«, wie der Teufel den Heiligen sämtliche Religionen als »möglich« erfahren läßt. Spanien wirkt verwirrend, weil dort die Möglichkeiten verschiedener Kulturen nebeneinanderstehen; eine solche Versuchung ist für uns heutige Menschen weit gefährlicher als für jene anderer Zeiten.

Einst wußte man, wo man zu Hause war; man war in einer »sicheren« Welt der Tradition geborgen, konnte sich gewappnet in fremde Länder begeben und kehrte ohne Erschütterung wieder nach Hause zurück. Aber wir? Wo sind wir noch zu Hause? Die Begriffe »menschlich« und »unmenschlich« gerieten ins Schwanken, und die verschiedenen historischen Möglichkeiten sind Verlockungen des Teufels, die uns zur Selbstvernichtung leiten; denn es scheint höchst fraglich, ob wir überhaupt noch einen uns zukommenden Standort haben.

So möchten unsere Aufzeichnungen nicht nur einzelne Beschreibungen sein; sie wollen vielmehr alle die Lockungen aufleuchten lassen, die den modernen abendländischen Menschen bei der Begegnung mit fremden Welten verwirren.

Da ist zunächst die Zeiterfahrung. Die Auffassung der Spanier von der Zeit unterscheidet sich wesentlich von der unsrigen. In Spanien gibt es die Möglichkeit ganz verschiedener Zeiterlebnisse – und somit ganz verschiedener Weisen einer Verwirklichung des Menschlichen, die oft unsere traditionelle, sagen wir: unsere humanistische Auffassung vom Menschen sprengen. Die Zeit ist kein Phänomen, kein Erlebnis unter anderen, sondern das Phänomen der menschlichen Erfahrung schlechthin, von dem aus alles seine Bedeutung, seine Bestimmung, seine Grenze erhält.

Von »Zeit« sprechen wir dann, wenn wir ein Noch-nicht, ein Nicht-mehr und ein Jetzt unterscheiden wollen. So kann man auch in ganz verschiedenem Sinne sagen: »Wir haben keine Zeit.« Wir behaupten zum Beispiel, für etwas keine Zeit zu haben, weil das, was wir erwarten, noch nicht eingetreten ist, und wir uns daher mit anderem als dem Erwarteten nicht abgeben können. Wir können aber auch in abstraktem Sinne sagen, daß wir keine Zeit mehr haben: wenn alles sich schon ereignet, alles sich schon abgewickelt hat. Wo wir nichts mehr erwarten, da spielt die Zeit keine Rolle mehr.

Zeit tritt also nur dann auf, wenn uns etwas an-geht und beschäftigt. Je nachdem, was uns angeht, erfahren wir das »Noch-nicht« oder das »Nicht-mehr« und vorwiegend das »Jetzt«, die Gegenwart. Gegenwart ist nichts anderes als das »Gegen«-wärtigsein dessen, was uns an-geht. Auf Grund dieses uns Angehenden entscheiden wir – im unaufhaltsamen Fluß der Eindrücke – das, was uns eigen ist. »Auf«-merksamkeit erweist sich somit als das Merken auf den Grund, um dessentwillen uns etwas angeht. Damit entfaltet sich das Seiende, damit offenbaren sich die verschiedenen Welten. Eben die Ahnung dieser verschiedenen Möglichkeiten des Angehenden ist es, was uns in Spanien so verwirrt: denn wir sind im übrigen Europa meist gewohnt, nur von einer einzigen Zeiterfahrung auszugehen, weil wir meinen, sie sei die allein gültige und mögliche.

Von hier aus läßt sich auch ein Grund-Mißverständnis aufklären, dem man sehr häufig begegnet. Oft hört man die Klage, man könne mit den Spaniern – wie auch mit den Südamerikanern – nicht zu Rande kommen, denn bei ihnen werde allcs auf eine spätere Zeit verschoben. Dieses Verschieben kann doppelte Bedeutung haben: einmal kann es einfach der Ausdruck eines Versagens sein, was gleichbedeutend wäre mit einem Scheitern. Das Verschieben hat aber noch eine andere Bedeutung, und zwar die eines Verzichtes auf etwas, weil man von etwas anderem angegangen ist. Wenn uns Dinge angehen, welche die Erwartung vieler anderer Dinge ausschließen, entsteht ein neuer Zeitrhythmus; daraus ergibt sich dann ein Aufschieben von Dingen, die nur uns Europäern wichtig erscheinen. Solch ein dem Spanier wie dem Südamerikaner eigenes Aufschieben ist, in seiner positiven Form, gewiß der Ausdruck des Angegangen-seins von Dingen, die nur dieses Volk in einer so tiefen Weise erschaut hat, sei es vermöge seiner eigenen Natur, sei es auf Grund seiner tragischen Geschichte, oder sei es durch seine Berührung mit dem Orient. So kann uns in Spanien oder in Südamerika der geahnte Gegensatz zwischen solchen verschiedenen Möglichkeiten, des Angegangen-seins und der europäischen festbestimmten Form dessen, was uns beschäftigt, tief beunruhigen und verwirren.

2. Die Steinwüste Aragoniens
Der Zweifel an der Geschichtlichkeit

Auf der Reise von Barcelona nach Madrid durchquerten wir Castilien: Eingespannt in unsere Zeiterfahrung, die rein von außen her bestimmt war, sind wir in Sorge, Termine von Vorträgen und anderen Verpflichtungen einzuhalten. Die Landschaft Aragoniens und Castiliens weist eine gewisse Ähnlichkeit mit einigen Gegenden von Südamerika auf. Eine unerbittliche Steinwüste. Der Wind bläst, aber nicht stoßweise, nicht ruckartig, sondern es zieht wie zwischen unsichtbaren Türen, zwischen unsichtbaren Räumen, die unsere Sinne nicht wahrnehmen. Dieser ständige, unerbittliche Durchzug hat etwas Erschreckendes, eben weil man Räume ahnt, die weder zu sehen noch zu greifen sind. Die Einsamkeit ist vollkommen: stundenlang fährt man durch diese tragische Landschaft, die von der Sonne, vom Wasser, vom Wind, von der Kälte abgegrast und kahl geworden ist. Kein Baum – nur Steine, Sand, Erde und zitternde Sträucher, die sich im Durchzug biegen. Man fährt über große Buckel, um bald wieder in Mulden zu versinken. Es ist wie auf einem versteinerten Meer.

Wir mußten eine Stunde auf der Straße halten. Die Stille schien vom Winde getragen, ja erhöht, denn es war eine laute Stille, erbarmungsloser als das Schweigen; sie ließ keine Sammlung, keine Einkehr zu. Hundert Meter von unserer Raststelle sahen wir eine schwarze Gestalt auf einem Stein hocken. Ein Hirt? Nein, eher der Schatten eines Hirten. Ich nenne ihn Hirt, denn er hatte fünf magere Ziegen bei sich; sie standen unbeweglich, wie erstarrt, mit hängendem Kopf, mit dem merkwürdigen Blick ihrer gelben, gläsernen Augen, so als spiele sich etwas Ungeheuerliches, für uns nicht Sichtbares vor ihnen ab. Ich näherte mich dem Alten und suchte mit ihm ins Gespräch zu kommen. Verlegen fragte ich ihn, ob ich ihm etwas anbieten dürfe. Die Antwort lautete (und sie wurde von einem Bauern ausgesprochen, der in jenem Augenblick etwas Pflanzenhaftes an sich hatte, so tief und unbeweglich war er in die Landschaft eingewurzelt): »Mein Herr, ich brauche nichts. Denken Sie daran, daß wir von diesen Steinen Castiliens aus die Neue Welt erobert haben!«

Was konnte diesen Menschen die Entdeckung der Conquistadores noch angehen? Was konnte sie ihm noch bedeuten? Was ist seine Zeiterfahrung, wenn er mir solches in jener Landschaft, in jenem Augenblick mitzuteilen hatte? Scheint uns seine Antwort nicht beinahe unmenschlich, und entspringt nicht ein solches Angegangenwerden von Dingen, die für uns nur noch historische Bedeutung haben, einer ganz anderen Auffassung der menschlichen Wirklichkeit und somit auch einem ganz anderen Zeiterleben?

Diese Anekdote weckt vielleicht schon einiges Verständnis dafür, daß durch ähnliche Erlebnisse in uns Europäern allmählich eine Art Alpdruck entstehen kann. Wir, die wir von einer schulprogramm-mäßigen Erziehung geprägt worden sind und in der Klarheit historischer Abgrenzungen unser Ideal suchen, wir ahnen in einer solchen Antwort die Unmittelbarkeit einer anderen Zeiterfahrung, während die uns geläufige – rein historische – zu schwanken und die Eigenschaft eines absoluten Maßstabes einzubüßen beginnt. Man beginnt zu vermuten, daß das, was den Spanier angeht, mit unseren gewohnten Schemata nichts Gemeinsames hat. Und wahrscheinlich blicken auch jene Menschen mit einer gewissen Erhabenheit auf uns herab, die – ausschließlich in der Ahnung einer einzigen Welt – vielleicht viel primitiver, viel dogmatischer leben.

Unsere Auffassung des Zeitgeschehens geht den dortigen Menschen nichts mehr an, denn er lebt in einer ganz anderen Gegenwart als jener, die unsere Aufmerksamkeit bestimmt. Wir ahnen dort zum ersten Mal eine Ewigkeit ohne Geschichte, ohne Gespräch, der gegenüber die kurze Diesseitserwartung schon aufgehoben worden ist. Gestern und Heute verschieben sich in ihren Grenzen und werden bedeutungslos: es ist jene Bedeutungslosigkeit der zeitlichen Grenzen, von der uns schon Juan de la Cruz in der »Tiefen Nacht« berichtet.

In der Wüste Aragoniens und Castiliens wirken die Steine so weiß und nackt wie ausgeblichene Knochen von Tieren einer vorsintflutlichen Zeit: zerborstene, zersplitterte, glasige Reste einer Welt, die nun als totes Dokument daliegen; so absolut tot, daß aus ihnen kein Sinn mehr zu beschwören ist. Die Möglichkeiten jener abgestorbenen Welt scheinen endgültig verscherzt zu sein. Gerade die Weite dieser verdorrten Natur, ihre Unbarmherzigkeit, Strenge und Einsamkeit – dies alles hat nichts mit der Natur zu tun, wie wir sie später in Südamerika antreffen werden. Denn in Amerika werden wir den klaren Eindruck haben, daß man der Natur *vor* der Geschichte begegnet, so wie sie bei der Welterschaffung gewesen sein mag, das heißt also *vor* dem Bestehen des Menschen. In Aragonien und Castilien erscheint hingegen die Natur so, wie sie *nach* dem Ende der Geschichte noch bestehen könnte: unheimlich in ihrer Sterilität und wie verbraucht.

So erhebt sich unter diesen zwiespältigen Eindrükken die Frage, ob nicht vielleicht Geschichte etwas Unwesentliches sei; ja, es scheint, daß die Kategorien der Geschichtlichkeit, in denen wir zumeist denken, eigentlich allein von einer bestimmten Tradition getragen sind. Vielleicht sind sie durch ganz andere Traditionen ersetzbar, bei denen die Geschichtlichkeit keinen Vorrang hat.

Die tragische Hinfälligkeit des Geschichtlichen wird besonders deutlich, wenn – in der Wüste Aragoniens und Castiliens – plötzlich irgendwo abseits der Straße ein römischer Triumphbogen oder ein Mausoleum auftaucht, stumme Zeichen einer versunkenen Welt. In Segovia ragt einer der schönsten römischen Aquädukte noch empor, im geschlossenen Rhythmus der Bögen gleichsam eine erstarrte Welle einstigen Lebens; die Bögen spannen sich von der Stadt aus in die Höhe und verlieren sich abgebrochen im Nichts. Unheimliches Symbol einer Geschichte ohne Ausgang! So wächst allmählich der Zweifel an der Diesseitigkeit, und unsere europäische Auffassung vom Leben wird wie von einer Krankheit infiziert. Die spanische Strenge und die Hingabe an etwas, das an der irdischen Geschichte kaum Anteil hat, beeindrucken uns vielleicht am stärksten in Avila, der Stadt, in der die Heilige Theresa ihre Gespräche mit Juan de la Cruz führte.

Avila ist von noch erhaltenen mittelalterlichen Mauern ganz umschlossen. Die Apsis des Domes, in das Verteidigungssystem der Stadtmauern eingebaut, bildet (was sehr bezeichnend ist) selber ein Glied der Befestigungsanlage. Der Dom in seiner christlichen Sehnsucht ist von maurischen Erfahrungen durchweht, rein und lebendig in seiner tief religiösen Erhabenheit. Es war Mittag, als wir Avila passierten. Die Mauern warfen ihre dunklen Schatten. Vom Kloster der Heiligen Theresa aus, das außerhalb der Stadt liegt, sah man Avila aufragen, sich auf den Hügeln ausdehnend und zugleich innerhalb der Mauern und Türme sich sammelnd. Das Ganze glich der Vision einer verlorenen, ungeschichtlichen Welt, die in einer dünnen, irrealen Luft lebt. Das Tageslicht umfaßte alles. Die Gestalten der Türme, Kirchen und Paläste verloren jede Schwere, sie flimmerten wie blasse Edelsteine, die man aus der Steinwüste hierher gerettet hatte: eine apokalyptische Stadt, die außerhalb der Zeit schwebt. Es weht eine eisige Luft, und am Morgen scheinen die Laute – Glockentöne, Geräusche der vorbeiziehenden Karren – in den Bergen widerzuhallen; es ist wie ein Klirren und doch zugleich wie ein abgerundetes, silbriges Entgegenläuten.

Dann Salamanca. Der Kreuzgang der sogenannten »Schola Minor« neben der Universität ist von großer Erhabenheit. Efeu rankt sich wie in einem Kreuzgang von Oxford, und wieder einmal fühlen wir »modernen Menschen« – die wir keine wirkliche Gemeinschaft, keinen geistigen Raum mehr haben – uns beschämt, wenn wir feststellen, wie dort der Geist sich seine Städte schuf. Auf der Wanderung hat man keine Zeit, Tempel aufzubauen, Festungen anzulegen, denn alles bricht hinter einem zusammen.

So leuchtet in Spanien die Ahnung einer neuen Welt auf, die uns gleichzeitig demütigt, weil wir spüren, daß wir Proletarier des Geistes sind, Nomaden ohne Tradition, ohne Form. Wenn man hier zwischen diesen Zeugen einer versunkenen Welt wandelt, wenn man von Monument zu Monument geht (und die Monumente sind noch keine Ruinen), so fragt man sich, ob unser Erlebnis nicht dem ähnelt, das Pausanias gehabt hat. Er schilderte die Denkmäler der klassischen Welt, als der Geist der Klassik bereits aus der griechischen Religion entschwunden war. Pausanias stand ebenfalls vor Bauten, die noch keine Ruinen und trotzdem in all ihrer Pracht bereits stumm waren. Vielleicht bedeuten für uns diese Monumente eine ähnliche bittere Mahnung, die eine strenge Welt erhebt.

Wir deuteten schon an, daß das den Spanier Angehende sich grundsätzlich von dem unterscheidet, was den heutigen Europäer beschäftigt; damit meldet sich eine verwirrende Ahnung von verschiedenen Welten, verschiedenen menschlichen Verwirklichungen. Diese Ahnung wird sich auf dem südamerikanischen Kontinent noch verdichten. Doch hiermit erschöpfen sich keineswegs die geheimnisvollen Zeichen, die wir in Spanien entdecken können.

3. Die Welt des Schattens

Wir sprachen vom Phänomen der Zeit – nun wollen wir von einer anderen Erfahrung ausgehen: von der Sichtbarkeit und dem damit verbundenen Begriff des Realen. Unsere abendländische Welt ist getragen von der Grundüberzeugung, alles Wirkliche sei das Sichtbare: das, was im Lichte, in der Sonne sich rundet und abgrenzt. Von Plato bis zu Plotin, von Plotin durch das Christentum bis zu Augustinus ist das Erkennen, das Wissen, das Wahre immer wieder in bezug auf das Licht oder die Sonne exemplifiziert worden.

Der Schatten hingegen ist das Unwirkliche: das, was das Licht von sich abwirft, was daher unreal ist. Den Schatten kennen wir nur als Negation des Sichtbaren, des Realen. Der Spanier muß auf eine ganz andere Erfahrung gestoßen sein, die aus seiner Berührung mit der orientalischen Welt entspringt; und diese hat er in manchen Kathedralen, in manchen Kreuzgängen seiner Klöster zum Ausdruck gebracht. Jene Erfahrung besteht in der Erkenntnis der Wirklichkeit des Schattens. Im Orient ist es undenkbar, daß das Menschliche, das Reale, das Wirkliche, das Uns-angehende sich in der Sonne, im Licht entfaltet.

Eine erste Ahnung dieser Welt des Schattens bekommt man in dem Kreuzgang, der sich an den Dom von Barcelona anschließt. Seine arabisch-maurischen Elemente sind unverkennbar, doch treten sie nicht nur in den architektonischen Motiven hervor, die man überall wiederfinden kann, sondern in der Art, wie das Verhältnis von Schatten und Licht empfunden und zum Element einer bestimmten schöpferischen Gestaltung wurde. Der den Haupthof umgrenzende Kreuzgang liegt tiefer als dieser; er ist mit Palmen, mit einer üppigen Vegetation gänzlich ausgefüllt, so daß er gar nicht mehr als ein Ort empfunden wird, in dem man gehen, in dem man sich bewegen könnte. Ein kleines Stück des unerträglichen Lichtes wird hier umzingelt, isoliert und bezwungen. In diesem Hof des heiligen Kreuzganges wandeln Gänse, das antike Symbol der Wachsamkeit. Das Licht strömt über die Palmblätter von oben herein wie ein tödliches Strahlen; es ist aber hier im Kreuzgang eingefangen. So wird den Schritten unter den Wölbungen eine besonders entspannende Wirkung zuteil, obwohl man sich am Rande einer vernichtenden Naturkraft befindet. Der Schatten wird zu einem Labsal, das die Menschen erst zu sich selbst kommen läßt. Das Schreiten durch den schattigen Kreuzgang ist gleichsam die symbolische Handlung des Zu-sich-selbst-Kommens.

Hier wird Schatten zu einer konkreten Wirklichkeit, die sich der Wirklichkeit des Lichts entgegensetzt; denn erst in ihm gelangt man zu sich selbst, während im zerstörenden Lichte alles Menschliche sich auflöst. Um die Erfahrung einer neuartigen Weltmöglichkeit zu vermitteln – der orientalischen nämlich, die hier allerdings wiederum christlich umgedeutet wurde –, will ich noch den Eindruck schildern, den der Dom von Saragossa erweckt.

Es war frühmorgens, und man trat in den Dom wie in einen von der Außenwelt völlig abgeschlossenen Raum. Der Dom ist, wie oft in Spanien, ursprünglich eine Moschee gewesen. Die Säulen verlieren sich in der Höhe gleich einem versteinerten Wald von Palmen. Alles liegt im eigenen Schatten. Dieser Schatten, in der Wüste Labsal und geheimnisvoller Lebensspender, bedeutet Rettung vor der tödlichen Sonnenglut, die den Menschen nicht zu sich selbst kommen läßt. Hier erscheint uns also – was Europäern meist entgeht – die umfassende, konkrete Wirklichkeit des Schattens; sie erscheint uns viel mächtiger und greifbarer als die Wirklichkeit der Dinge, die im hellen Lichte stehen, und sie ist viel stärker mit Sein und Zeit geladen als alles, was in der Sonne glänzt. Diese Welt des Schattens muß die Spanier fasziniert und ihre Phantasie entzündet haben; und so haben sie den Schatten, den die versteinerten Palmen der Moschee spenden, mit religiösen Sinnbildern, mit düsterem, tragischem Leben gesättigt. Tritt man in den Dom ein, so spürt man den Schatten wie etwas Greifbares: man taucht in ihn ein, die eigenen Bewegungen werden langsamer, wie im Wasser, und alles unmittelbar Zielhafte löst sich auf. Hier überkommt den Menschen wohl am stärksten die Versuchung, sich die Geheimnisse des Orients anzueignen, um sie christlich zu deuten. Deshalb haben die Spanier diesen Schatten gezwungen, das Leben zu leugnen und die Wirklichkeit des Belichtet-Greifbaren *aufzuheben*. Der Schatten in jenem Dom verhüllt nicht das Greifbare (wie in den gotischen Domen), er beschwört vielmehr das Leben der Phantasie, also eine ur-menschliche Fähigkeit; gleichzeitig aber zwingt er die Phantasie in die Formen christlicher Symbole und vernichtet sie damit als rein menschliches, immanentes Leben. Würde die Phantasie, die im Schatten wächst, in ihrer Selbständigkeit anerkannt, so bedeutete dies den Triumph der orientalischen Lebensform in ihrer fabulierenden Diesseitigkeit. Der Spanier ist aber offenbar einzig darauf bedacht, eine neue Bekundungsweise des Jenseits zu verwirklichen: eine religiöse Epiphanie.

Die Altäre sind in der Tat Orte der Begegnung mit dem Göttlichen. Sie verzaubern alles, und zwar dergestalt, daß die Phantasie den Stil, das heißt jede feste Form, zu sprengen vermag. Nur daraus ist es zu erklären, daß der barocke Stil sich dem Gotischen anpaßt, so als würde im Halbdunkel alles vom Rhythmus der Phantasie – momentanen Stimmungen folgend – gestaltet und umgedeutet. Der Schatten wirkt hier also nicht mehr als Verhüllung, sondern schlechthin als Kraft des Lebens. Diese wird wiederum sogleich bezwungen, um den Menschen zu zeigen, daß das Reale, das Tastbare, das alltägliche Leben eine primitive, grobe, naive Wirklichkeit sei. Gelingt es, die Kraft der Phantasie so zu meistern, daß sie in den Dienst des Unwirklichen tritt, dann gelangt man durch die Phantasie zu einer Vorahnung, wie das Jenseits zu verwirklichen wäre: ein Ziel, auf das allein der Spanier bedacht ist.

Dieses Beispiel erhellt vielleicht von einer neuen Seite her, wie der Spanier für uns immer rätselhafter wird. Die spanische Daseinserfahrung beruht auf einer mystischen Umdeutung der orientalischen Phantasie. Je weiter wir in das Land eindringen, desto lebhafter tritt uns jene arabische Welt entgegen, so daß unsere Verwirrung angesichts all dieser Möglichkeiten nur noch zunimmt. Wir werden später sehen, daß Platos Verurteilung der Kunst in ganz bestimmter Beziehung zu einer solchen Ahnung steht, und welche Gefahr darin liegt, den Menschen vor die »Möglichkeiten« der Phantasie zu stellen.

Man begegnet dieser arabisch-südländischen Welt auf der Wanderung von Estremadura nach Andalusien. Hier ahnen wir, wie verzaubert, eine jener möglichen Welten. Die Landschaft selbst scheint zu einer solchen Erfahrung beizutragen. Immer deutlicher taucht das Arabische, das Orientalische im Widerspiel zum Christlichen, zum Düsteren empor: nach der unerbittlichen, entsetzlichen Landschaft Aragoniens und Castiliens regt sich nun wieder etwas unsagbar Zärtliches und Sinnliches, wenn die reifen Saaten sich im

Abendhauch wiegen. Wer es nicht erlebt hat, vermag kaum zu ahnen, was die neue Landschaft bedeutet, nachdem man in Castilien und Aragonien, wo die Gedanken der Menschen nur dem Jenseits gelten, dem Tode begegnet war. Die südliche Milde lindert unseren ersten Eindruck: man schließt gleichsam Waffenstillstand mit dem aggressiven Geist des spanischen Nordens.

Im Vorhof der Kathedrale von Cordoba, die früher eine Moschee gewesen ist (und wir dürfen nicht vergessen: es war die größte nach der von Mekka), wird man von Ehrfurcht ergriffen. Was man nun sieht, sind die Zeichen einer erhabenen Welt. Hier stellt sich das Fremde, das Orientalische zum ersten Mal auf der Ebene einer Kultur dar, zu der auch der Abendländer unmittelbaren Zutritt hat. Ist doch Cordoba auch der Geburtsort von Averroes, dem größten Kommentator des Aristoteles, und von Maimonides, also jenem Araber und jenem Juden, die sich mit der griechischen Welt auseinandergesetzt haben.

In die noch teilweise erhaltene Moschee, die aus Hunderten von Säulen bestand, wurde später (unter Karl V.) die christliche Kathedrale eingebaut und damit das ursprünglich Arabische zerstört. Trotzdem: die noch vorhandenen arabischen Elemente lassen uns ganz neue Möglichkeiten erleben, einen menschlichen Raum zu entwerfen, weit entfernt von den uns bekannten. Es ist ein Wald von niedrigen Säulen, einst nach allen Seiten hin offen, so daß man in den Raum eintreten konnte wie in einen Hain. Die Gegenwart des Numinosen wurde von den Arabern nicht durch einen Altar angedeutet, sondern allein durch die Orientierung des Bauwerks nach Mekka. Die einzige Haltung, die einem hier ansteht, ist die Verneigung; die Moschee wirkt wie der pantheistische heilige Ort schlechthin. Damit meine ich nicht, daß die mohammedanische Religion pantheistisch sei, sondern will sagen: die Moschee ist im Grunde nur ein Ort der Sammlung, an dem man die Verneigung vor dem All ehrfürchtig vollzieht. Es verwirrt unser geschichtliches Denken von neuem, wenn man sieht, wie hier die Christen gleich den wildesten Barbaren gehaust haben, als sie in diesen heiligen Hain eine christliche Kirche einbauten; den *genius loci* konnten sie dadurch freilich nicht zerstören, so daß die zwei Welten nebeneinander bestehenbleiben, einander umgeben, wobei ein Raum- und Zeitentwurf den anderen umgreift. Überhaupt läßt sich sagen, daß hier das Arabische (gerade als das nicht christlich gewordene und nicht tragisch verwandelte Element) mit großer Gelassenheit die düstere Wirklichkeit, die wir vorher beschrieben, hinter sich läßt und uns von neuem aus unserer gewohnten Welt heraushebt.

Auch die Berührung mit dem Volk, in dem arabische und zigeunerische Elemente immer noch wahrnehmbar sind wie das Züngeln eines erlöschenden Feuers, stärkt die Ahnung verschiedener Kulturen, verschiedener Möglichkeiten des Menschen noch mehr. Wer einmal den Glanz in diesen Augen gesehen hat, im Antlitz eines Kindes, eines Mannes oder einer Frau, kann ihn nie wieder vergessen. Es ist, als spiegele sich darin eine blanke Waffe, scharf wie Stahl und durch ihre Helligkeit fähig, die verschiedensten Schattierungen wiederzugeben, so, als könnten alle menschlichen Leidenschaften allein schon im Blick zum Ausdruck kommen.

Eine kleine, häßliche Zigeunerin – höchstens dreizehn Jahre alt – begleitete uns zum Geburtshaus des Maimonides; sie folgte und führte uns zugleich wie ein Schatten, wie ein Tier, das bemerkt sein will, um den Kontakt mit den Menschen aufrechtzuerhalten, das sich aber im selben Augenblick ungemein distanziert, damit man es nicht einfange. Wir gaben ihr ein kleines Trinkgeld. Statt zu danken, machte sie ein unvermutet ernstes Gesicht, als habe die Handlung des Gebens einen tieferen, einen bindenden Sinn. Das Geld scheint auf ihrer Hand zu schmelzen – gleich wird es verschwunden sein wie bei einem Zauberkünstler. Dies hindert sie aber nicht, uns weiter zu folgen. Ihre ganze Anmut liegt in den Augen, die feucht aufglänzen, als seien sie ständig von Tränen gewaschen. Erst im Hof der Moschee zieht sie sich zurück und bietet dann zögernd, mit einer fast tragischen Geste, scheu und doch ihres Reizes bewußt, eine Orangenblüte an.

Unsere Schilderung entspringt nicht einer Vorliebe für das Detail. Man erlebt eben auch bei diesen Zigeunern eine ganz andere Art von Gemeinschaft: ein Miteinandersein, das sich abendländischem Urteil und Maßstab entzieht. Immer erstaunlicher leuchtet der neue Aspekt des Unerwarteten auf.

4. Die menschliche List

In Sevilla beginnt um sechs Uhr nachmittags die Corrida. Man betritt eine auf den ersten Blick nicht gerade schön anmutende Arena. Die Menschenmenge, eine kompakte Masse, reagiert auf alles, was sich ereignet, unmittelbar und meist einheitlich. Die Sonne steht so, daß die ganze Arena sich in zwei Hälften teilt: in einen sonnigen, glühenden und einen schattenvollen, beinahe verborgenen Teil. Schließlich faßt man den Boden der Arena ins Auge, der mit gelbem Sand oder Holzmehl bedeckt ist; ein goldenes Pulver, auf dem später die Spieler und die Kämpfenden wie in einer abgeschlossenen, magischen Welt stehen. Der Kreis der Zuschauer läßt den Raum des Spiels aufleuchten. Schon wenn man die Arena betritt, wogt die Menge wie ein Wald im Winde, und keine anderen Laute sind zu vernehmen als die der Leidenschaft.

Und nun beginnt das grausame Spiel, ein Symbol des Entsetzlichen selbst. Ein Stier tritt in die Arena, erfüllt von Leben, seine eigene Beweglichkeit genießend. Sein schwarzglänzendes Fell steht scharf gegen den goldenen Unterton des Bodens, der durch diesen Kontrast noch kostbarer wirkt. Das Tier wird zum Sinnbild gestauter Kräfte; es weiß im ersten Augenblick noch gar nicht, wo sie zum Ausbruch kommen und gegen wen sie sich richten werden.

Zu Anfang liegen alle Chancen scheinbar beim Stier, doch man weiß, daß sein Eintritt in das Licht und den Glanz der Arena seinen Tod bedeutet. In Wirklichkeit hat das Tier keine einzige Chance, und dadurch bekommt das Schauspiel etwas grauenhaft Vorbestimmtes. Der Mensch fängt nun an, seine List zu spinnen. Sie bedeutet nichts anderes als eine Ausnützung der festgefügten Schemata des Tieres: es ist nicht frei, sondern in den Bahnen seiner Triebe gefangen. Das Spiel beginnt. Der Stier wird durch das aufleuchtende Tuch in die Welt seiner Leidenschaften hineingeführt. Zuerst, wenn er die Arena betritt, scheint er etwas zu ahnen, schon aber lockt die rot-violette Farbe des wehenden Mantels, das Todesspiel hebt an und wickelt sich sehr rasch ab. Immer mehr verfängt sich das Tier in seine Leidenschaft, in seinen Trieb, als sei es in ein dunkles Labyrinth geraten. Man merkt, wie sein Atem durch die Anstrengung immer kürzer wird. Schon trägt es die Wunden, die ihm die Reiter beibringen, mit ganzer Kraft sich auf eiserne Lanzen stützend, die sich in den Nacken des Stiers hineinbohren. Ich will über die kläglichen Gestalten dieser Reiter schweigen; die Augen ihrer Pferde sind zugebunden, ein Begleiter führt sie am Zaum. Schon rückt der Moment heran, da die Banderilleros in das Tier noch die sechs kurzen farbigen Banderillas stoßen. Der Stier weiß nun um das eigene Ende, und sehr oft scheint er mit den Hufen die Erde um einen untragischen Ausgang des Kampfes anzuflehen – vergebens. Nun setzt das Spiel des Matadors ein, das sehr elegant sein kann. Es ist gewiß eine Kunst: jeder Schritt, alle Bewegungen und Figuren sind streng vorgeschrieben. Aber für das Tier ist es ein Totentanz mit den Trieben des Lebens.

Schrill ertönen in der leuchtenden Sonne die Fanfaren. Ein Pferdegespann mit Glocken, begleitet vom Schnalzen der Peitschen, schleppt den toten Stier aus der Arena. Das vergossene Blut wird mit Sand zugedeckt. Alles tritt wieder ins Normale zurück.

Man ist sich dessen bewußt, daß man die List des Menschen schlechthin erblickt hat; denn die Kräfte des Lebens wurden von ihm ausgenutzt, er hat beliebig mit ihnen geschaltet, sie wurden herabgewürdigt zum Moment eines Spiels.

5. Die Zweifel an unserer Zeit

Ein letztes Bild aus Spanien, wiederum das Bild eines Zwiespalts und Zweifels. Kommt man bei Vollmond in Granada an und fährt im tiefen Schatten der Bäume durch dunkle Gärten nach der Alhambra, dem Hügel über Granada, während die Nachtigallen einander zusingen, so enthüllt sich eine neue Welt. Im ersten Augenblick scheint es kaum möglich, sich in ihr zu orientieren, obwohl oder vielleicht eben weil sie so sehr mit Geschichte geladen ist. Duft von Akazien und Jasmin erfüllt die Luft, die in verborgenen Winkeln noch die Tageswärme bewahrt. Doch erst am nächsten Tage, wenn der Schleier der Nacht sich gehoben hat und die herrliche Landschaft ausgebreitet daliegt, bemerkt man, daß die Araber auf dem waldigen Hügel der Alhambra Sommerpaläste gebaut haben, von denen Karl V. später den einen buchstäblich halbierte, um einen ganz versponnenen Palast anzufügen. Es ist ein Gebäude, das in sich nur einen runden Hof für Turniere und Stierkämpfe enthält. Dieser Hof tritt wie ein freistehender Kreis hervor; in dem Gang, der ihn umschließt, scheint sich eine schwingende, ununterbrochene, selbständige Bewegung zu vollziehen, so gespannt ist sein Kräftespiel. Das Ganze bildet eine großartige Theaterdekoration, in das Monumentale, Phantastische eines Palladio-Baues übergehend, darin die Klassik schon gänzlich zu einer Traumwelt verwandelt ist. Der klassische, römisch-lateinische Geist ist schon zu sehr ins Traumhafte hinübergehoben, also in seinen ursprünglichen Intentionen ganz aufgelöst, als daß er noch etwas Neues gestalten könnte. Man möchte fast sagen, daß hier die klassische Welt bereits unwirklich geworden ist, so, als wolle sie symbolisch dartun, wie sie von der andrängenden arabischen Welt verwirrt und endlich aufgehoben wurde. Hier liebt das Klassische schon die Übergänge zu bewegten Perspektiven und zu Kulissenverschiebungen, aber vielleicht doch am meisten die unerwarteten Schatten, aus denen man bisweilen ebenso plötzlich wieder heraustreten kann. Die nie fertig gewordenen Säle liegen tiefer als der Hof, so daß man über einige Stufen von unten her ins Freie gelangt, zum Hof, in dem der Raum sich zum Schauplatz weitet und uns in den Bann dieses unheimlich sich ausdehnenden Kreises zieht. Die klassizistische Welt grenzt hier an den Araber-Palast, wo die Welt des Unendlichen, des Schattens, der Tausend-und-einen-Nacht, die der Mensch sich künstlich errichtet hat, einen eigenen Raum schuf.

Wieder stehen zwei Welten nebeneinander, und durch ihre Gegensätzlichkeit wirken sie noch verführerischer und verwirrender.

Fährt man von Granada südwärts nach Alicante, so ist es, als wolle unsere gewohnte europäische Erfahrung durch das Bild, das sich dort offenbart, noch einmal sich selbst sinnfällig vergegenwärtigen. Die Bläue des Mittelmeers löst die Farben der Erde auf, bezwingt den Ernst der Berge in lieblichen Buchten. Das Licht strömt nicht nur von oben auf uns nieder, es wird gleichfalls von der Farbe des Meeres bestimmt, ja, wir finden es auch unter die Bäume in deren Schatten hineingeschoben, und der kühle Wind wirft kleine glitzernde Wellen auf. Merkwürdigerweise gewinnen hier die Schiffe eine besondere Bedeutung: sie sind im Hafen festgebunden, ruhen farbig auf dem Hauch des Wassers; sie schweben im Licht, während die Mole, auf der man steht, mit ihrem grauen Boden aus Silber und Stahl geformt zu sein scheint. Diese Schiffe, dieses Meer werden zum Symbol der Befreiung von allen Zweifeln, allen Verlockungen.

So regt sich auch hier die alte Frage wieder. Ich sagte zu Anfang: nur auf Grund dessen, was uns an-geht, vermögen wir ein Bestimmtes zu erwarten, uns eines Bestimmten zu erinnern und werden dabei auf etwas Bestimmtes auf-merksam. Dabei leuchtet Gegenwart auf. Kann uns aber noch hier die eigene Gegenwart aufleuchten, oder wirkt Spanien deshalb so verlokkend, weil wir keine eigene Zeit, keine Aufmerksamkeit mehr vorzuweisen haben, sondern uns einfach verführen lassen, in den Welten des Möglichen zu verweilen?

Schon in Europa nimmt man Abschied von unserer Welt. Die Hoffnung, irgendwie, in einer unbestimmten Ferne, Erlösung von unseren Zweifeln zu finden, ist ja nur Ausdruck dafür, daß wir uns in den Räumen unserer Geschichte nicht mehr zu Hause fühlen. So kann es geschehen, daß uns plötzlich auch die vertraute Landschaft der eigenen Heimat fremd wird. Eine unbestimmte, schmerzliche Sehnsucht nach etwas, das wir in ihren Grenzen nicht mehr finden, kann uns hinwegheben und entrücken. Der Kreis, der uns eben noch umfing und uns teilnehmen ließ an dem vertrauten, in seinen Grenzen sich abspielenden Leben, ist mit einem Male verschwunden. Wir stehen draußen und schauen als Fremde auf unsere fremd gewordene Welt.

So erging es mir am letzten Tage, den ich vor meiner Abreise nach Südamerika in Florenz verbrachte. Ich stieg auf die Hügel unterhalb von Bellosguardo, um meinem Geist das Bild jener schlechthin menschlichen Stadt einzuprägen, denn ich wußte ja nicht, welche Eindrücke mir bevorstünden. Die Olivenbäume zitterten silbrig im Abendhauch. Unten lag die Stadt in ihrem erstarrten Zauber. Allmählich kam mir zu Bewußtsein, daß diese unsagbar schöne Stadt tot, von der Zeit verkohlt, von den Menschen und von der Geschichte ausgelaugt ist. Der Palazzo Vecchio, die Kuppel des Domes, die unzähligen Dächer, die alten Stadtmauern waren in die unbewegte Luft des heißen Spätsommerabends eingetaucht. Alles lag da wie Asche. Es war, als könne ein bloßer Hauch dies alles plötzlich zerstören. Die tote Atmosphäre des Ganzen war schauerlich wie eine Gruft, und der feine, gleichsam schillernde Duft des Pfefferminzkrautes, auf das man getreten war, hob mit seiner Schärfe das Leblose der Stadt noch mehr hervor, während die Blätter der Olivenbäume glitzerten wie hingestreute Fischschuppen in einem klassischen Limbus.

Aber weshalb rufe ich diese Stimmung wieder wach? Ich sagte es schon: unsere Aufmerksamkeit ist immer getragen von dem, was uns angeht; es ist klar, daß angesichts dieser vergangenen Pracht selbst einem Italiener bewußt wird, daß die herrschenden Mächte, die heute über uns entscheiden, ganz woanders liegen. Bedenken wir: Florenz, jene Stadt, aus der all die modernen geistigen und historischen Kräfte des Abendlandes hervorgingen – die Malerei, die Architektur, die Dichtung, selbst die Wirtschaftsformen –, die Stadt, in der die Medici herrschten, ist nun zu einer »*Fremden*-Stadt« herabgesunken. Ist das nicht wie ein Sinnbild der Auflösung unserer Geschichte? Wir wissen, daß die Ideale, die in vergangenen Jahrhunderten zur Verwirklichung einer Stadt wie Florenz führten, heute kaum noch Bedeutung besitzen. Durch unsere historischen Kenntnisse, unsere Gelehrsamkeit sind sie zu einem Gegenstand des bloßen Wissens geworden und so von uns endgültig getötet worden. Jene Zeugnisse der Vergangenheit sind tot, und nicht allein die menschlichen Werke; auch die Hügel liegen brach um jene Stadt, wie die Reste eines erloschenen Feuers.

So verläßt man Europa in tiefem Zweifel über das Weiterwirken der vergangenen Kulturen, in einer Haltung, die uns einerseits von dieser Geschichte fortrückt, uns aber andererseits auch zwingt, die Frage zu stellen: Wird die Begegnung mit der anderen Welt befreiend oder vernichtend auf uns wirken? Wird uns das Auftreten des Andersartigen zum Verzicht auf unsere Geschichte nötigen, oder wird es zum Zweifel an der geschichtlichen Wirklichkeit überhaupt führen?

Doch weshalb beschwören wir alle diese Erinnerungen herauf? Können sie uns zu etwas anderem führen als zu sentimentaler Bemitleidung unser selbst, der Spätgeborenen? Will man aus dem Bann eines nur psychologischen Erlebens heraustreten und zu neuen Erfahrungen vorstoßen, die einem weiterhelfen, dann ist es unerläßlich, der eigenen Situation klar ins Auge zu sehen. Erst so können wir hoffen, auch von den Eindrücken, die uns auf einem fremden Kontinent überfallen, nicht überwältigt zu werden. Vielleicht wird eben aus den Verwirrungen, in die sie uns führen, etwas Entscheidendes für unsere europäische Problematik entstehen.

Unsere heutige Situation ist vorwiegend durch unsere Haltung gegenüber dem Geschichtlichen gekennzeichnet: wir sind im Historischen so sehr eingefangen, daß wir dazu neigen, alles weiter zu historisieren, alles vom Standpunkt eines geschichtlichen Bewußtseins aus zu bewerten, und zwar oft so ausschließlich, daß wir die Wirklichkeit gar nicht mehr sehen, weil wir einzig Fragen nach Ursprung und Entwicklung stellen. Wie tragisch sieht es mit den Dokumenten unserer Vergangenheit aus! Überall mahnen uns die Zerstörungen, inmitten derer wir leben, daß die Zeit und der Raum, so wie sie in den Bauten der Vergangenheit entworfen wurden, schwerlich mehr unserer Gegenwart entsprechen. So schleicht sich der Zweifel an der Bedeutung und Fruchtbarkeit jener Vergangenheit in uns ein, denn sie scheint uns heute zu keiner Zukunft mehr zu führen.

Wir entfremden uns allmählich der eigenen Vergangenheit, und Tag für Tag nehmen wir von der historischen Welt des Abendlandes Abschied. Die Wahrzeichen unserer Geschichte scheinen uns nur noch leere, zersplitterte Gehäuse, in denen wir uns mühsam bewegen. Aus dem Urgrund unserer heutigen europäischen Situation erhebt sich die Frage: Gibt es eine andere Art von Wirklichkeit als die unsrige, bestehen Möglichkeiten für andere Erfahrungen als die, von denen wir ausgehen, Möglichkeiten, die vielleicht gerade im Verlauf unserer geschichtlichen Entwicklung verschüttet worden sind? Aber dies ist nicht das einzige Problem, vor das wir gestellt werden.

II

Erste Begegnung mit der Natur

1. Das Erlebnis der Entfernungen

Als Europäer denken und handeln wir innerhalb einer vorwiegend geschichtlichen, das heißt vom Menschen bestimmten Welt. Sogar unsere Naturbetrachtung, zu der die Unterwerfung der Natur durch die Technik gehört, steht im Bann des Geschichtlichen.

Wir glauben allgemein, Entfernungen durch Maßbegriffe schätzen zu können. Aber die rein räumliche Messung reicht nicht aus, um uns einen realen Begriff von Entfernung zu vermitteln; deshalb bedienen wir uns auch der Zeit-Raum-Messungen. Wir vollziehen sie mit Hilfe der Uhr, und es ist eine Tatsache, daß wir Abendländer uns vorwiegend an solchen Zeit-Raum-Messungen orientieren.

Gibt es Erlebnismöglichkeiten, welche die Gültigkeit einer derartigen Zeit-Raum-Messung aufheben und damit zu neuen Erfahrungen führen, bei denen gerade die Diskontinuität als entscheidendes Element auftritt? Können uns die Sinne zum Beispiel Entfernungen und Zeitunterschiede unmittelbar vermitteln, so daß unsere alltägliche technisierte Welt und die darauf sich aufbauende Geschichte ausgeschaltet werden? Sollte es uns gelingen, an Hand eines konkreten Beispiels diese Frage zu beantworten, so wäre meines Erachtens der beste Zugang zu einer Welt eröffnet, in der den Maßstäben unserer geschichtlichen Einstellung keine Geltung mehr zukäme. Eben auf diesen Zugang möchte ich hinweisen, auf Grund der stufenweisen Erfahrungen, die ich während des Fluges von zwölftausend Kilometern gemacht habe.

Beim Start in Zürich befindet man sich noch in einer Welt der Sicherheit, der Verfügbarkeit, des Gewohnten. Die Gefahr ist nur die Gefahr der Technik. Im Umkreis unserer technischen Welt begegnen wir nicht der Natur schlechthin; denn auch die fern im blassen Nebel auftauchenden Alpen treten in *gewohnten* Formen auf, entweder als Gegenstand ästhetischen Genusses oder als Moment der Entspannung: Kurorte, Wintersportplätze, Ausflugsziele. Die Natur bleibt hier ganz in den Rahmen der Zwecke und Ziele des Menschen eingespannt. Selbst die Entscheidung, sich in Neuland zu begeben, ist von der menschlichen Zeit bedingt – etwa von dem Entschluß, an einem Kongreß teilzunehmen –, und es geht uns nur darum, in der günstigsten Weise eine Entfernung zu überbrücken, ihrer Herr zu werden.

Ich möchte nun die verschiedenen Stufen jener Erfahrung schildern, die uns aus dem gewohnten Zeit- und Raumerlebnis herausreißt. Die technische Welt, innerhalb deren der Flug beginnt, bietet eigentlich nur den Anlaß zu einer gewissen Neugierde: jener Neugier, die wohl die oberflächlichste Weise ist, latenten Fragen zu begegnen. Das Kuriose erfaßt uns nicht unbedingt; vielmehr vollzieht sich eine instinktive Abwendung vom Wesentlichen, wie um zu vermeiden, daß ein Sichwundern aufkomme, das uns aus den gewohnten Schemata herausreißen könnte. Hier ist zunächst eine banale Feststellung am Platze. Wie ich schon andeutete, messen wir die Entfernungen – da wir sie anders meist nicht erfassen können – mit dem Chronometer. Beim Flug wird dieser Maßstab zunichte gemacht, denn der Zeit nach befinden wir uns noch in der Nähe des Ausgangsortes.

Beim Aussteigen in Madrid bemerken wir aber, daß an jener Zeitmessung etwas nicht stimmt. Zeit und Entfernung werden uns nämlich jetzt durch einen Sinn vermittelt. Es riecht anders, es riecht nach Frühling, die Luft liebkost uns mit sanfter Zärtlichkeit, und plötzlich wird man gewahr, daß man sich gerade nicht mit Hilfe von Instrumenten (also weder mit Uhren noch mit Kilometerzählungen) Entfernungen vergegenwärtigen kann: eine Feststellung, die uns erstaunt. Solch ein Erfahren der Entfernung ist wahrscheinlich im biologischen Bereich selbstverständlich, es tritt zum Beispiel dann auf, wenn wir den Rhythmus der Jahreszeiten erleben. Sind wir aber nicht gewohnt, eine solche Art des Messens als subjektiv und unzulänglich zu betrachten? Nun, hier geschieht gerade das Gegenteil.

Die Entfernung, die wir erlebt haben, ist viel größer als die, welche wir uns durch die Zeitmessung der Uhr vergegenwärtigen können. Man wird durch diese Feststellung in eine andere Welt hineingeführt, aber man nimmt es im Grunde kaum wahr; denn jene andere Welt, in der andere Maßstäbe herrschen, hat noch nicht die Kraft, uns in ihre Wirklichkeit zu bannen. Faktisch erfreut man sich einfach an einem unzeitgemäßen Frühling: das Licht ist durchsichtiger, der sandige Boden leuchtet, die ersten Palmen wehen im Winde. Noch aber meistert man die Eindrücke. Man stellt etwa fest, daß das Licht auf eine andere Weise strahlt als in Mitteleuropa, als finge es nicht nur die Dinge ein, sondern auch das, was hinter ihnen liegt, und tatsächlich sind die Schatten nicht dunkel, sondern durchlichtet, farbig, blau. Noch gehen wir in den sinnlichen Eindrücken nicht auf. Das Neue wird einfach registriert, wird eingeordnet, mit dem uns Gewohnten verglichen.

Bei der nächsten Etappe – Casablanca – tritt das, was sich in Madrid unbestimmt gemeldet hatte, in den Vordergrund. Die geschlossene technische Welt, die mittlerweile zu einer Flugzeugkabine zusammengeschrumpft war, öffnet sich wieder, uns weht und drängt eine ganz neue Wirklichkeit entgegen, die man noch nicht sieht, die man auch noch nicht mit dem Gehör vernehmen kann, denn es tauchen keine ungewohnten Geräusche auf; auch der Tastsinn kann sich einstweilen mit nichts anderem beschäftigen als mit der Aktenmappe, die man gewohnheitsmäßig mitschleppt. Aber dem Geruchssinn kommt plötzlich ein unerwarteter Vorrang zu, er drängt sich vor in einer Welt, die sich völlig von der uns gewohnten monotonen abhebt. Er ist es, durch den man überraschend die Entfernung wahrnimmt.

Ölige, schwere Luft schlägt einem entgegen, sie scheint merkwürdig gewürzt, und könnte die Nase Farben wahrnehmen, so würde sie Gelb riechen. Das Ungewohnte ist da, es meldet sich mittels eines einzigen Sinnes, und auf Grund der Tatsache, daß *ein* Sinn so in den Vordergrund treten kann, ist die Welt, die wir verlassen haben, weit weg. Die Entfernung mit der Uhr zu messen ist nun sinnlos geworden, denn wir stehen vor etwas anderem, und die relativ wenigen Stunden erweisen sich bei aller Genauigkeit als völlig unangemessen, um die Entfernung zwischen zwei Welten zu legitimieren. Es ist also nicht nur die Tatsache des Geruchssinnes, die uns vor etwas Neues stellt, sondern neu ist für uns, *daß die Entfernung zeitlich unmeßbar ist.* Wir befinden uns vor einer neuen Wirklichkeit. Und weil alles Neue, Ungewohnte eine besondere Orientierung erfordert, beschleicht uns eine Ahnung von Gefahr. Dieses Gefühl wird sich – wie ich noch ausführen werde – später mit großer Macht aufdrängen und uns nicht mehr verlassen, ja, es wird uns ganz von Europa trennen. Gewiß, auch in Europa gibt es Gefahren: politische Sorgen, Krieg, Verlust des eigenen Heims; aber es sind bekannte, geschichtliche Gefahren. Die Tatsache hingegen, daß beim Öffnen der Kabine der Geruchssinn uns blitzschnell mit einer anderen Welt in Verbindung setzt und eine ganz andersartige Entfernungsmessung vermittelt, läßt keinen Raum für Geschichte zu.

Wie ich schon andeutete, geschieht etwas viel Bedeutungsvolleres als die Verschiebung von Maßstäben; denn Meßinstrumente können solche konkreten Erfahrungen trotz all ihrer Präzision in keiner Weise registrieren. Hier meldet sich das Leben der Sinne als etwas Autonomes, das uns ausschließlich auf uns selbst verweist. Und plötzlich sieht man den europäischen Kontinent, den man verlassen hat, scharf umgrenzt, aber so, als erblicke man ihn in einem umgekehrten Fernrohr. Wir können mit jener technischen Raum-Zeit-Erfahrung nicht mehr in Verbindung treten, und sie scheint so starr in sich abgeschlossen, daß sie höchstens zerbrechen kann.

Nun vertiefen und verdichten sich die Eindrücke. Der Kasten der Kabine schließt sich wieder, man befindet sich in einem Schwebezustand, ganz verschieden von dem, den wir damals am Himmel Europas erfuhren. Die technischen Apparaturen sind schon von einer anderen Wirklichkeit überschattet; denn nun wollen auch die Augen das Neue erfassen – aber vergeblich. Man überfliegt die Wüste, die afrikanische Küste, und man fühlt sich gefangen, denn die Augen scheinen nur Begriffe zu schauen, keine Wirklichkeit. Wir ahnen, daß das, was wir Küste oder Meer nennen, etwas anderes ist als das, was wir allgemein unter diesen Worten verstehen. Ein Sinn, der Geruchssinn, hat Entfernungen aufgerissen, die der Verstand nicht zu überbrücken vermag. Dieses merkwürdige Gefühl des Gefangenseins hat nichts mit dem Mangel an Bewegungsfreiheit zu tun; vielmehr ist es die Erfahrung, daß unsere Regungen und Erwartungen ins Leere laufen, weil das Spiel, in das wir eintreten, noch nicht in seiner eigenen Gesetzmäßigkeit abrollen kann. Ähnlich mag es sich verhalten, wenn ein Tier in der Gefangenschaft die Freiheitsberaubung erfährt. Und nun geht aus diesem äußeren und inneren Schauspiel – das eben beginnt, sich aber noch nicht abwickelt – die Nacht hervor; sie erfaßt die Welt des Erschauten, verhüllt sie mit ihrem samtenen Mantel, indes wir uns selbst überlassen bleiben.

Kann man dabei noch von räumlicher Entfernung sprechen, kann man noch von einer Zeitmessung ausgehen? Wo besteht noch Kontinuität zwischen dem, was wir vor sechzehn Stunden erlebten, und der nun immer mehr in den Vordergrund rückenden Gegenwart, die eine unbekannte Zukunft und Vergangenheit erschließt?

Bei der nächsten Etappe – Dakar – öffnet sich wieder einmal die Tür, und durch die Dunkelheit springt uns jene geahnte Wirklichkeit entgegen. Jetzt kommt auch der Tastsinn zur Geltung – es ist, als werde dieser Sinn durch einen elektrischen Schlag plötzlich erweckt. Feuchtwarme Luft legt sich auf Gesicht und Hände, alles beginnt zu kleben. Die Luft ist schwer, von unsichtbaren Dämpfen getränkt, die unheimlich riechen, als lägen Tausende von Fischen umher, und diese Dünste durchdringen uns mit dem Geheimnis des salzigen Meeresgeruchs. Und nun ist die neue Feststellung unausweichlich: es gibt keine Kontinuität; das, was nicht mehr ist, bleibt in sich isoliert, kristallisiert sich zur Vision. Das Neue tritt uns entgegen, ohne die Vergangenheit fortzusetzen. Es gibt kein Nacheinander von Eindrücken, sondern nur andere Eindrücke, die noch nicht durch einen passenden Faden miteinander verbunden sind. Man wünscht sich, in der Nacht sehen zu können, um sich diese andere, fremde Welt zusammenzureimen. Doch die Dunkelheit umhüllt alles, und der Sand, auf dem man geht, ist wie eine unheimliche Decke. Die neue Welt eröffnet sich erst nach der Flugnacht über den Atlantik, wenn man im Morgengrauen die Küste von Brasilien und Natal erblickt.

Wir sind im Fremden angelangt, haben das Gewohnte endgültig verlassen. Das Neue kann in seiner Eigenart nicht durch Begriffe erfaßt werden, denn alles ist in seinem tiefsten Leben unbegreiflich, nur mit den Sinnen aufzunehmen. Die Entfernung entzieht sich nun vollends jeder Meßbarkeit. Tropische Hitze unter einem farblosen Himmel, unheimliche Stille, ein heißer Wind, von dem man nicht weiß, woher er weht. Hinter den Moskitonetzen an den Fenstern zittern die Blätter, und draußen gewahren wir eine Natur, gefährlich in ihrem feuchten, brütenden Dunst. Während man im Schatten des Hauses auf einem Ruhebett liegt, vergehen die Stunden, und ungeahnte Wirklichkeit drängt sich vor. Die Schatten an der Wand, die Zeichnungen der Fliesen am Boden, die Falten des Bettuches, die verlorenen Schritte in einem Gang sind Zeichen, für die wir in der anderen Welt keine Zeit fanden. Zeit? Sie löst sich im Rhythmus der Schatten im Zimmer auf, und die Schatten bewegen sich unmerklich, die Zeit vergeht nicht mehr; was die Uhr zeigt, geht uns nichts mehr an. So erscheint Natal, die kleine Stadt, in der Mittagsruhe als von einer ganz anderen Zeiterfahrung durchdrungen. Menschen stehen schweigend oder liegen umher. Weißgekleidete Kinder folgen lautlos einem mit roten Rosen geschmückten kleinen Sarg. Trambahnen (wenn wir sie so nennen wollen) rattern langsam vorbei; sie haben keine technischen Formen mehr, sie sind ein Mosaik von Farben, grün, gelb, weiß, violett, wie ein Bild von Klee. Nur die Palmen winken im Winde, als wollten sie daran erinnern, daß in dieser Stadt, in der jede Bewegung zeitlupenhaft zerdehnt wird, nur noch das Vegetative von einem Werden kündet.

Wird durch solche Erfahrungen unsere Auffasssung vom Vorrang der Technik nicht fragwürdig – wie unsere Vorstellung, die Wirklichkeit ließe sich allein mit Hilfe der Naturwissenschaften deuten?

2. Das Problem der Wirklichkeit

Wir verstehen unter »Wirklichkeit« vor allem das, was greifbar, was sichtbar, hörbar, riechbar ist. Dies scheint die große, unmittelbare Realität zu sein, auf Grund deren wir uns überhaupt erst miteinander verständigen können. Die Naturwissenschaft hat aber zur Umdeutung der riech-, hör-, sicht- und tastbaren, also der sinnlichen Wirklichkeit geführt, wobei die These aufgestellt wurde, diese sinnlichen Momente seien nur relativ und man dürfe ihnen keine Objektivität zuerkennen. Diese These behauptet weiterhin, daß die wahre, objektive Wirklichkeit diejenige sei, welche hinter dem Schleier der sinnlich erfaßbaren Eigenschaften liegt. Daß die Naturwissenschaften sich damit allerdings nicht in theoretischen, abstrusen, unbestimmten Spekulationen verlieren, ergibt sich aus der Tatsache, daß sie uns die Natur verfügbar machen und wir durch sie entscheidende Ereignisse voraussehen können. So begann der moderne Mensch allmählich zu glauben, eine biologische und physiologische Welt sei etwas Unreales, und als Folge dieser Annahme trat er aus der unmittelbaren Natürlichkeit heraus. An Stelle der Natur des naiven Menschen entstand die Natur der Naturwissenschaften.

Bevor wir uns fragen, ob die These, welche die Objektivität der sinnlichen Welt leugnet, berechtigt ist, obwohl sie in Widerspruch zum allgemeinen, naiven menschlichen Verstand steht, müssen wir noch eine andere Frage stellen. Worin besteht das Wesen der Natur, die Gegenstand der Naturwissenschaft ist? Nehmen wir das Beispiel der Physik: Diese Wissenschaft schiebt im Laufe ihrer Entwicklung die eigenen Grenzen ständig weiter hinaus. Immer wieder sucht sie neue Ausgangspunkte, von denen aus sie die Wirklichkeit durch Experimente zu einer Antwort zu zwingen hofft. Alle diese Vorstöße, die das Reale fortlaufend in neue und immer kompliziertere Gebilde auflösen, gehören in den Bereich der Quantität und des Meßbaren, so daß alles, wonach die Physik greift, durch die Zahl bestimmbar wird. Das Netz der Zählung, der Messung wird ins Meer der Natur geworfen: man will so erfahren, was mit ihm einzufangen ist. Es ist klar, daß sich darin nur wiederum Meßbares fangen läßt. Von hier aus können wir uns die Physik als den Entwurf von Koordinatensystemen vorstellen, durch welche sie alles bestimmt, abgrenzt, lokalisiert.

Deckt sich aber die Wirklichkeit mit solchen schematischen Vorstellungen und erschöpft sie sich in ihnen? Dies scheint nicht der Fall zu sein, denn die Physik läßt manche »Reste« übrig – darunter zum Beispiel ein nicht unwesentliches Moment: das Leben, welches durch Messungen keineswegs einzufangen ist. Wir können zwar die Kalorien messen, die ein Leben benötigt, doch den Sinn, den sie für das Lebewesen selbst haben, können wir auf unseren Instrumenten nicht ablesen. Die Feststellung nun, daß die Naturwissenschaft die Wirklichkeit nicht erschöpft (und wir können ebenso beweisen, daß auch die Biologie ungelöste Reste übrigläßt: etwa die spezifisch menschlichen Phänomene), ist sonderbar und umwälzend. Das Meßbare erschöpft nicht die Wirklichkeit schlechthin, obschon es das Ergebnis eines Verfahrens, einer Handlung ist, die das Reale zu fangen, zu erfassen meint. Also setzt die Physik, genau wie die Biologie oder jedes andere naturwissenschaftliche Fach, eine Wirklichkeit voraus, die *vor* den Naturwissenschaften in sich selbst besteht.

Nun stehen wir aber vor einer grundsätzlichen und scheinbar unüberwindlichen Schwierigkeit: wir können diese Realität *an sich* nur durch die Wissenschaften erreichen; andererseits vermögen die Einzelwissenschaften nur durch ihre eigenen Schemata – also gerade immer nur von einer bestimmten Perspektive ausgehend – diese Realität einzufangen, ohne die Realität, wie sie an sich ist, erfassen zu können. Wer aber will wissen, ob es neben den einzelnen Wissenschaften, zu denen wir greifen, nicht noch tausend andere mögliche Entwürfe gibt, die, solange sie nicht vollzogen worden sind, uns die Unermeßlichkeit der an sich seienden Natur verhüllen? Im Zusammenhang mit solchen Überlegungen entsteht die These von der Endlichkeit und Relativität alles Menschlichen.

So liegt hier eine doppelte Schwierigkeit vor: wir scheinen einerseits nicht mehr zu wissen, was Realität an sich ist, und andererseits sind wir gezwungen, nur das als Wirklichkeit anzuerkennen, was sich mittels der Einzelwissenschaften einfangen läßt. Kann man diesen Widerspruch lösen, und in welchem Zusammenhang steht ein solcher Versuch mit den vorher geschilderten Erfahrungen des Fluges? Was können wir überhaupt über eine »an sich« seiende Natur aussagen?

Natur ist der Zwang, ganz bestimmte Handlungen zu vollziehen, zu denen die Naturwissenschaften selbst gehören. Die Physik macht sich durch messende Handlungen die Realität verfügbar; die Biologie, als Lehre vom Leben, schlägt andere Wege ein als die Physik, um den Sinn des Lebendigen zu erschließen. Hier merken wir plötzlich, daß die Naturwissenschaften nur bestimmte Handlungen vollziehen, neben denen es viele andere und ursprünglichere gibt. Die Natur zwingt uns, in bestimmte Handlungen einzutreten, nicht nur, damit wir uns behaupten oder den Sinn des Lebens erkennen, sondern damit wir uns selbst verwirklichen. Die Dinge stehen also gerade umgekehrt, als es unserer Betrachtung nach anfänglich schien: Raum und Zeit als Ergebnis physikalischer Orientierung durch Instrumente sind nur *ein* Aspekt des Lebens. Es gibt aber auch ganz andere, »natürliche Weisen«, sich zu orientieren, den Raum zu erfahren, die Zeit zu erleben – Weisen, die wir völlig vergessen haben, weil wir nicht mehr unmittelbar in der Natur leben.

Diese Unmittelbarkeit der Orientierung erleben wir in der von der unseren gänzlich verschiedenen, nicht-technischen und nicht-historischen Welt Südamerikas, und als Europäer sind wir von ihr fasziniert. Jene Sehnsucht, die bei allen Europäern auftaucht, welche im Orient oder in Afrika gelebt haben – eine Sehnsucht, von der uns berichtet wird, man könne sich von ihr nicht mehr befreien, ist wahrscheinlich von hier aus zu verstehen.

So gäbe es denn eine in sich geschlossene Welt des unmittelbaren Lebens mit einer ihr eigenen Sicherheit, der gegenüber unsere Meßinstrumente nicht gelten? Genau an diesem Punkt müssen wir weiter fragen: Ist jene andere Welt, in der wir angelangt sind, nur eine Welt des rein Animalischen, oder kommen wir in ihr zu andersartigen Realitäten, vor denen die menschlichen Maßstäbe wie Zahl, Zeichen, Wort bedeutungslos werden? Sind es jene Welten, die andere Kulturen geahnt und anerkannt haben, die Welten, von denen die Mystiker sprechen, wenn sie behaupten, daß Nähe und Ferne, Oben und Unten, Gestern, Morgen und Jetzt Ausdrücke ohne Bedeutung sind?

3. Der Mensch in der Natur

Auf dem Hintergrund solcher Gedanken kann die Begegnung mit Menschen, die noch im Rhythmus des natürlichen Daseins stehen, zu einem erstaunlichen Erlebnis werden.

An der afrikanischen Küste, in Dakar, wird es einem plötzlich klar: im Rahmen des Menschlichen gibt es noch Handlungen, die ihr Szenarium so fest und so sicher entwerfen, daß alles, was darin auftauchen kann, ihren Stil, ihren Rhythmus und ihre Spielregeln annimmt. Wenn aber sogar die Produkte unserer technischen Zivilisation dort verwandelt und als etwas völlig Andersartiges in die Wirklichkeit der Welt jener Neger einbezogen werden, wie muß dann erst in deren Welt die Natur erscheinen?

Wieder sah ich als Fremder über die Mauer in den Garten einer fremden Welt hinein. Aber wie anders, um wie vieles sicherer und geschlossener war diese Welt als die unsere! Hier ahnt man zum ersten Mal die Möglichkeit einer Natur, von der unsere Naturwissenschaften nur einen kleinen Ausschnitt herausnehmen und mit ihrer Gründlichkeit so sehr aufblähen, daß wir ihn schon für die eigentliche Natur halten.

Auf den Hafen von Dakar fällt, besser gesagt: tröpfelt das Licht, denn es sickert durch den Dunst der Feuchtigkeit, und die Farben wirken matter und abgeblaßter – aber mit welchen Abstufungen! Auf die glänzenden Glieder der halbnackten Neger, die Säcke aus dem Schiff ausluden, hatte sich der weiße Puder des Mehls gelegt, und ihre Gestalten, ihre Bewegungen erschienen in neuen Perspektiven, als wären sie aus dem Negativ einer Fotografie hervorgetreten. Ganz allmählich, kaum merkbar, wird die unsichtbare Decke des Uneuropäischen über uns geworfen, eine

Zauberdecke, in der man stolpert und sich verfängt; später zieht man sie dann um sich wie eine schützende, magische Hülle und versucht, sich darin frei zu bewegen.

So beginnen die uneuropäischen Erfahrungen die gewohnten Schemata zu durchbrechen. Wir sind im Abendland zum Beispiel gewöhnt, die Kunst vor allem als ein Schaffen zu betrachten, in dem die alltägliche Wirklichkeit gewissermaßen aufgehoben wird, in dem das Leben einen seiner Höhepunkte erreicht. Daher gilt sie uns als etwas Kostbares – neben der Wirklichkeit Existierendes –, das behütet werden muß, das wir in Museen sammeln, das wir in eine Geschichte einordnen. Daher kann uns Intellektuellen und Gelehrten das tätige Leben unwichtig erscheinen und wichtig statt dessen nur das, was man abseits vom Leben in einer geschichtlichen Geistigkeit erreicht.

Hier kehrt sich nun alles um. Die Neger werden mit billigen europäischen Produkten überflutet. Aber was machen diese Neger und ihre Frauen daraus? Das Schönste, das Künstlerischste – und es entsteht ausschließlich aus wahrhaft tollen Zusammensetzungen. Ich kann den Eindruck nur wiedergeben, indem ich an die Kunst der »Collage« erinnere. Das sind Stücke farbigen Papiers, Ausschnitte aus Zeitungen, Briefmarkenschnitzel, kleine Stoffetzen – also alles, was wertlos, alltäglich ist –, die nun plötzlich, durch ihre Zusammensetzung, zu etwas Kostbarem werden, wobei die Kostbarkeit selbst ausschließlich durch die neu geschaffene Einheit zustande kommt. Gerade dadurch, daß etwas auf der einen Seite keinerlei materiellen Wert hat (man erkennt die Billigkeit eines jeden Stückes sofort), auf der anderen in der Einheit des gesuchten Effekts ganz verwandelt und aufgehoben wird, erhält das so geschaffene »Neue« etwas Flimmerndes: das Wunder der künstlerischen Schöpfung. Das Mißverständnis, Kunstvolles sei nur zu erreichen mit kostbarem Material, wird ausgeschaltet: das Rot eines gewöhnlichen bedruckten Stoffes wird abgetönt durch einen schwarzen Mull, der darauf schwebt; das Weiß eines gestärkten Leinens wird silbrig hervorgehoben durch orangenfarbene Bänder; ordinäre grüne Pantoffeln wirken nur noch als Ton unter einem faltigen violetten Mantel. Ein Blau neben einem Rosa oder Grün, die sich gegenseitig steigern, so daß ihre Töne, ihre Schattierungen sich verschärfen und eine gelbrote Handtasche, ein rotes Tuch in der schwarzen Hand plötzlich wie ein kostbarer Gegenstand wirken. Das raffiniert Bewußte geht so weit, daß sich die Negerinnen die Lippen nicht rot, sondern blau bemalen. Die Käuflichkeit dieser Frauen wird mit aller Farbenpracht vor einem ausgebreitet. Es sind Farben, die wie ein Lockruf wirken, während das urweibliche Lächeln in den Blicken leuchtend aufbricht.

Dabei gewahren wir ein Doppeltes: das Europäische, das als Material geboten wird, ist vollständig umgewertet, und zwar mit einer Kühnheit, einer treffsicheren Gelassenheit, die in Erstaunen versetzen. So gehen die Neger neben den Europäern dahin: sie bewegen sich im kümmerlich provinziellen und kleinbürgerlichen Raum der Stadt – die mit einer grauenhaften Spießigkeit aufgebaut wurde – durchaus unbekümmert um die abendländische Welt, schreiten einher ganz für sich, Freude spendend, königlich. Obwohl sie neben- und miteinander bestehen, begegnen sich diese beiden Welten überhaupt nicht.

Die andere Erkenntnis, die in uns aufsteigt, sprengt eine unserer Kategorien. Man wird inne, daß Kunst nicht aus der Absonderung entsteht, daß sie ursprünglich nicht in einer wohlbewahrten Geschichtlichkeit wurzelt, daß sie nicht mühselige Arbeit ist, sondern aus dem Leben schießt, im Dienste des Lebens steht, mit Leichtigkeit sich entfaltet, ohne Lehren, ohne Schulen – und alles ergreift. Kunst ist hier kein »Schaustück« *neben* dem Leben mehr, sie ist kein Ausschnitt aus der Wirklichkeit, nicht ein einzelnes Gebiet, das einige wenige angeht, sondern etwas, das den ganzen Menschen durchdringt und alles verbindet. Daher gibt es auch keine Vereinzelten, die von ihr zeugen oder sich für sie einsetzen. Das Kunstvolle ist hier eine selbstverständliche Form der Gemeinschaft. Daher ist diese Kunst ohne Geschichte, denn sie stellt weder die Geschichte einer Generation dar, noch ist sie Ausdruck einiger Weniger. Farbe und Gesten sind Zeichen eines Ganzen. So erscheint in der Kunst das Leben selbst in seiner ursprünglichen, alles überflutenden Mächtigkeit. Ihr gegenüber ist das Entscheidende nicht mehr das Wissen, »wo«, »wie«, »wodurch« etwas entsteht, sondern das Verstehen, wie hier eine Einheit waltet, die alles erfaßt und die in jedem Moment das, was jene Menschen angeht, auch darstellt.

Was bedeutet aber diese Erfahrung einer uns ungewohnten Wirklichkeit, die sich eben nicht – wie die unsere – in verschiedene, getrennte Möglichkeiten und Fächer aufteilt, von denen die Kunst nur eine unter anderen ist? Erkennen wir nicht dort drüben, wie unsere ständige Spaltung und Ungewißheit uns in einen Abgrund führt, der ein wesentliches Moment unserer Verwirrung ausmacht?

Und wenn abends über diese farbige Welt, über dieses Wunder der Aufhebung eines grauen europäischen Alltags die Nacht wie ein riesiges Zelt sich spannt, wenn Venus erscheint und gleichsam vom Mond untergehakt wird, wenn das dunkle Meer in der Nacht enthalten liegt, ohne daß ein Tropfen überläuft – diese Nacht ohne Unterschied zwischen Wirklichkeit und Phantasie, ohne Trennung zwischen Einbildungskraft und Realität –, dann begreift man, daß wir hier vor einer Wirklichkeit stehen, die wir in Europa (weil wir dort alles und jedes in alle möglichen Gebiete einteilen müssen) nicht nur zerstört, sondern auch längst vergessen haben. Damit keimt aber wieder in uns eine gewisse Vorstellung von einer ursprünglichen, noch unversehrten Möglichkeit menschlichen Lebens – eben jener, deren Verwirklichung wir in Südamerika wiederzufinden hoffen. Versteht man, welch ungeheure Verwirrung uns ergreifen muß, wenn wir statt dessen noch durch ganz andere Erfahrungen gehen?

III

Relikte eines unzeitgemäßen Lebens und die ungeschichtliche Natur

1. Die Verwirrung durch die unzeitgemäße Geschichte

In Spanien wurden wir in Verwirrung gebracht durch den Einblick in andersartige geschichtliche Kategorien, die nicht mehr an die Momente und Phasen einer bestimmten, uns allen gemeinsamen Geschichte gebunden sind. Während des Fluges war es die Erfahrung von Entfernungen, deren Wirklichkeit nicht gemessen werden kann, was uns eine erste Ahnung von den Möglichkeiten einer Begegnung mit der Natur jenseits unserer naturwissenschaftlichen und technischen Maßstäbe vermittelte. In Dakar erblickten wir dann eine Natur, die unsere technischen Errungenschaften sogar verwandelt und sie in die Wirklichkeit ganz anderer Lebensformen umsetzt. Alle diese Erlebnisse sind für den Europäer, der im Glauben an den Vorrang seiner Errungenschaften aufgewachsen ist, tief beunruhigend. In Südamerika werden wir in eine völlig unzeitgemäße Geschichte hineingestellt, die zuweilen noch als Überbleibsel einer uns gemeinsamen Geschichte wirkt, dann aber, von dieser losgelöst, von uns ganz unbekannten Kräften bewegt, eine selbständige Entwicklung annimmt.

Bei den Eindrücken, die Südamerika in uns erweckt, dürfen wir die geistige und psychische Situation nicht vergessen, in der wir uns in Europa befinden. Der Wunsch auszuwandern, ist weit verbreitet; der Europäer ist offenbar der Meinung, ein jeder könne sich – wenn er nur wolle – ungehindert ein neues Leben aufbauen. Man darf aber nicht außer acht lassen, daß zur abendländischen Grundform des Lebens das Gespräch, das Miteinander-sein, das mit einer Geschichte Verwachsen-sein gehört. Daher ist die Frage unausweichlich: Vermögen wir mit unserem europäischen historischen Bewußtsein »drüben« unter dem Zeichen der Einsamkeit zu leben? Wird die Gefahr der Einsamkeit, der Gesprächslosigkeit dort nicht mit ihrem eisigen Hauch alle Erlebnisse beschlagen und uns den Aspekt der andersartigen Umwelt verschleiern?

Das Erstaunliche ist dabei: zuallererst stoßen wir drüben auf etwas, das wir am wenigsten anzutreffen erwarteten. Wir legen im Hafen von Rio de Janeiro an – und schon hier tritt der Zauber ein. Der Zoologische Garten reicht bis an das dunkle Grün der tropischen Vegetation. Die Luft schimmert, Feuchtigkeit erhöht und verbindet die Farben. In dem verzauberten Park stehen die zartrosa getünchten Bauten des letzten Kaisers wie verlassen. Der Sonntag zieht auf dieser faszinierenden Bühne eine bunte Menge an: Neger mit weißgekleideten Kindern, Gelbe, weiße Einheimische. Lange, wehende, erdbeerfarbene Röcke, blaue Hemden vertiefen den Kontrast der dunklen Haut; helle Sonnenschirme – wie sie unsere Großmütter trugen –, breite Strohhüte umschatten mit geheimnisvollem Reiz ernste Gesichter. Der Rahmen ist eine Dekoration aus dem vorigen Jahrhundert: verschnörkelte Vogelkäfige; ein Springbrunnen sprüht sein Wasser auf eine Diana aus Gußeisen, deren Häßlichkeit im feuchten Schatten zerfließt. Krokodile äugen schelmisch zwischen riesigen Blättern aus dem Wasser hervor und bewegen sich langsam, mit Moosfetzen über dem Kopf. Sie wirken wie surrealistische Bilder, in denen modische Frauen in Tiere verwandelt werden, ihre weibliche Eitelkeit noch beibehaltend. Schlangen liegen glitzernd und träge zwischen Steinen. Die Konturen kostbarer Papageien verlieren sich im tiefen Grün der Bäume und wirken wie phantastische Blumen.

Der dunkle Urwald brandet heran, bis an den Rand

dieser riesigen Bühne: er ist eine grüne, zum Stehen gebrachte Lava, eine geflochtene Mauer, aus der tausend Augen spähen, und die stechenden Blätter schimmern wie blanke Waffen, so wie der Zöllner Rousseau sie erlebt hat. Tiefer als jegliche uns bekannte Sommernacht ist der Schatten im Bambuswald. Die Stämme der Palmen sind hart und senkrecht wie Alabastersäulen, die sich in der Höhe zart und durchsichtig auflösen, kaum noch ein grüner Hauch: Wahrzeichen des Überganges von Erde zu Himmel. Ein irdisches Paradies, das sich nicht als Bild zeigt, sondern Wirklichkeit ist, denn wir bewegen uns in ihm, wir atmen mit. Wie kann uns eben Angekommene dies alles berühren, uns angehen, und wie vermögen wir aufzumerken – wenn nicht allein im Spiel der Phantasie? Und wieder stoßen wir auf eine neue Erfahrung. Wir sehnen uns aus einem von Geschichte belasteten europäischen Leben nach jener anderen Welt, in der wir vor allem das Ungeschichtliche anzutreffen hoffen. Doch nicht dieses finden wir vor, sondern eine beginnende Geschichte, freilich eine, die uns heutigen Europäern ganz fremd ist.

Man hat Europa verlassen, hat voll Spannung die Begegnung mit dem unhistorischen Raum drüben erwartet, und das erste, was einem hier neben diesen phantastischen Bildern begegnet, sind Erinnerungen, wie sie vielleicht nur noch aus unserer Jugend aufsteigen, Erinnerungen an die europäische Welt, die wir nur aus Erzählungen kennen. Das Leben drüben atmet völlig in der Atmosphäre der Jahrhundertwende und erscheint uns als eine Vergangenheit, die noch nicht endgültig Vergangenheit werden konnte. Sie lebt weiter in unserer Gegenwart, wirkt aber fremd und abgetan. Wir werden plötzlich in das Bild einer anderen Zeitepoche zurückversetzt, und staunend stehen wir mit in der Szenerie, statt diese Wirklichkeit von außen her »historisch« zu betrachten.

Man könnte glauben, als Europäer vermöchte man dort auch jene Ruhe und Beschaulichkeit wiederzufinden, nach der wir uns in Europa seit langem sehnen, und zugleich auch die Möglichkeit eines erlabenden Austauschs von Gedanken, von Gefühlen, die wir seit langem so sehr vermissen. Aber es geschieht das Gegenteil.

Ich gedenke der kleinen Städte wie Recife oder Natal: in ihrer Verlassenheit, in ihrer Armut weht eine seltsame Erinnerung an europäische Provinzialität. Aber die freie Natur, der Urwald, sie sind ganz nahe, sie lauern um die beackerten Felder, und das Gestrüpp wuchert bis an den Rand des Bewohnten. Die Hitze glitzert auf der Spitze jedes feuchten Blattes wie eine kleine Flamme, und überall breitet sich die Melancholie eines Verlorenseins im All aus, eines Verlorenseins, das aber menschlich ist; denn noch kann im Schatten einer Straßenecke, an der Mauer eines kleinen Gartens, über die eine rötliche Bougainville herüberschimmert, die Phantasie sich entzünden. Diese überall spürbare Melancholie drückt zugleich den menschlichen Willen aus, der Natur gegenüber aufzutreten und sich durchzusetzen. Wenn sich dann am Abend die Menschen in einem rosagetünchten Raum treffen, sich gegenseitig etwas zu trinken reichen, wenn die Kaffeetassen leise klirren und in den Händen zittern, so sind all diese Handlungen nicht – wie bei uns – von tödlicher Langeweile überhaucht, die sich wie ein Gift im Zimmer verbreitet, sondern Ausdruck einer gelassenen Ruhe, einer Intimität. Denn das Bürgerliche ist noch zu echt, um kleinbürgerlich zu sein: man erfreut sich an dem, was man ist, weil man es sich mit Mühe erworben hat, und die Sehnsucht nach dem, was man in Europa verließ, belebt die Stunde der Stille.

Am Abend, wenn draußen das Meer wie Öl aussieht und das Ufer es gleich einem Behälter umfaßt, wenn selbst die Schatten schwer zu werden scheinen – denn sie wirken wie dunkle, nasse Tücher, die überall ausgebreitet sind –, wenn der Staub des Tages sich zu legen beginnt, dann kann man im Schweigen verweilen, ohne daß dabei irgend jemand, weder Gastgeber noch Gäste, darüber erschrickt oder es auch nur als beklemmend empfindet. Dort verwirklicht sich eine gesammelte Ruhe, die wir schon nicht mehr kennen, jene Ruhe, die man nur genießen kann, wenn eine neu aufsteigende Geschichte am Werke ist.

Von dieser Wirklichkeit geht eine unerwartete Faszination aus, wie sie einer Welt eigen ist, die am Ursprung ihrer Geschichte steht und täglich über die eigenen Möglichkeiten entscheidet. So spinnen sich drüben auch Gespräche an, wie sie wahrscheinlich nur unsere Väter und Großväter noch führten, als man am Abend noch Überblick über die Ereignisse des Tages halten konnte. Denn das Panorama, auf das man seine Aufmerksamkeit lenkte, entstand jeweils aus den Entscheidungen über das Abgeschlossene, und so konnte man den kommenden Tag mit Spannung erwarten. Wir aber, haben wir in unserer heutigen abendländischen Lage überhaupt noch die Möglichkeit ähnlicher Erwartungen, Entscheidungen, Gespräche?

So will man sich über dieses Wunder, eine vom europäischen Standpunkt aus bereits überwundene Geschichte noch gegenwärtig zu finden, im Gespräch mit den dortigen Partnern Rechenschaft geben. Doch dieser Wunsch erweist sich sehr bald als unerfüllbar. Der neue Partner glaubt uns zu verstehen, und dennoch ist das ein Irrtum. Der Südamerikaner steht inmitten einer Welt, die für ihn noch in ihrer Bildung begriffen ist, während wir sie als eine schon abgeschlossene von außen her betrachten. So erscheint unser Versuch, hierüber in ein Gespräch einzutreten, etwa so, als käme man auf eine Bühne und unterbräche das Spiel, um sich mit den Schauspielern über die Hoffnungen oder Möglichkeiten, die sich aus ihren Rollen ergeben, zu unterhalten. Außerhalb seiner Rolle aber hat ja der Schauspieler nichts weiter zu sagen, ja, er ist eigentlich gar nicht derjenige, an den wir uns wenden möchten, denn sein Wesen als Schauspieler erschöpft sich in der ihm vorgeschriebenen Rolle. Darum streichen sich unsere Partner über die Stirne in dem vergeblichen Bemühen, uns zu verstehen. Durch ihr Lächeln versuchen sie uns ihre Teilnahme zu beteuern – aber umsonst: das Gespräch kommt nicht zustande, für sie ist es gegenstandslos. Rede und Gegenrede können sich ja nur dort lebendig entfalten, wo die Partner gemeinsam im Rahmen eines Spieles, einer Handlung gefangen sind, nicht aber dort, wo der eine darin und der andere außerhalb steht. Diese Bühne und diese Geschichte haben für uns – eben weil sie uns als ein Aspekt des Unzeitgemäßen erscheinen – etwas Rührendes. Doch schon in Argentinien finden wir die unzeitgemäße Geschichte mit dem Vorgeschmack gefährlicher Momente eigentümlich vermischt. Noch tiefer greift dann die Verwirrung, denn wir beginnen wiederum eine neue Wirklichkeit zu ahnen.

2. Der gebrechliche Damm

Stundenlang fährt man mit dem Auto durch die lichthelle, teilweise zartgrüne Pampa: eine Art erstarrtes Meer, in dem der Blick an keinem Hügel, an keiner Höhe haftenbleibt. Die Wolken über der weiten Ebene sind seltsame Gebilde, regelmäßig verteilt wie die Knoten eines Netzes, unter dem diese Weide gefangen liegt. Endlich gelangt man an eine Insel von Bäumen; der Vergleich mit einer Insel scheint mir, mehr als der mit einer Oase, der Wirklichkeit zu entsprechen, denn die Pampa hat nichts Ödes, sondern wirkt eher wie eine flüssige Ebene, und zwar so sehr, daß man – bei den unerwarteten Bäumen und Schatten ankommend – sich wundert, nicht aus einem Schiff aussteigen zu müssen. Und nun öffnet sich plötzlich eine ganz neue, von den Baumschatten am Rande der Estancia abgegrenzte Welt. Verlassene Alleen mit großen Platanen, in denen die Melancholie verlorener Schritte nachklingt. Diese Welt hat nichts mit der Pampa gemein, sie steht da wie ein vergessener Park des 19. Jahrhunderts. Und dazu eine verblüffende Vegetation, die uns Europäern eigentlich ganz anachronistisch erscheint: nach der ersten Überraschung unterscheiden wir in den Schatten nebeneinander Platanen, Birken, Weiden, Eukalyptus, Palmen und Tannen. Ein solcher Garten erscheint wie das Werk eines Zauberers, der etwas zu willkürlich vorging.

In der Pampa herrscht eine glühende, feuchte Hitze. Alles flimmert, zittert in der Sonne, deren Licht von der Feuchtigkeit filtriert wird. Durch die Zweige der Bäume vor der Estancia hindurchblickend, meint man dieses Schauspiel nicht in der Realität, sondern wie in einem Spiegel zu gewahren: so verschwommen, so unwirklich nimmt sich die Ebene nun aus, als sei sie nur Widerspiegelung einer fernen Welt. Alles dort draußen ist glasig, durchsichtig – die Pampa schwemmt die Estancia an. Allmählich erlebt man die Gefahren: den Angriff gegen das menschliche Leben, der sich in der Estancia abspielt. Es ist kein tödlicher Angriff, vielmehr die Bezauberung durch eine unsichtbare Circe. Durch das Laub der Bäume und Sträucher strömt von außen her flüssige ölige Hitze; sie umfängt uns auch im Schatten und lähmt uns. Man liegt im Zimmer, und wieder erfährt man die Zeit, doch man erlebt sie wie ein Tier, nur im Rhythmus der Begierde, im Nahrungstrieb, im Bedürfnis nach Schlaf und zärtlicher Liebkosung. Nur animalisches Leben hat hier noch Sinn. Trägheit lähmt jede Bewegung, und draußen, hinter den Matten, die vom Fenster her nur Schatten ins Zimmer fallen lassen, schreien – nicht singen, sondern schreien – die Vögel wie in einem Zoologischen Garten. Es sind laute, schrille, fast trompetenhafte Schreie.

Das Dasein auf der Estancia ist aber nicht reines Aufgehen im Animalischen (wie in den Tropen), sondern vollzieht sich ständig in einer Randerfahrung des Menschlichen. Anders als in Natal und Dakar, erschöpft sich das Wesen der Estancia und ihres Lebens nicht im unmittelbaren Sich-im-Triebe-Auflösen. Schon Haus und Garten sind im Stil des 19. Jahrhunderts gehalten, im Stil unserer Großmütter. Selbst die Beete und Blumen sind altmodisch, wie in verträumten Gärten eines alten Europa, das wir kaum mehr aus fernen Erinnerungen kennen. Diese Welt steht wie ein gebrechlicher Damm gegen die Fluten der Pampa. Das Erleben jener Möglichkeit begleitet uns mit dem ständigen Beigeschmack einer menschlichen Wirklichkeit, die am Rande der Natur liegt. Das Menschliche stellt sich hier nur wie ein zartes Kunstwerk der Natur gegenüber und verwirklicht in engem Umkreis ein fiktives und raffiniertes Leben, das sich im eigenartigen Zwielicht des Menschlich-Tierischen abspielt. Sehnsucht nach dem Ursprünglichen hat hier keinen Sinn, denn die menschliche Geschichte führt in der Form eines spielerischen, müßigen Traumes nicht zum ursprünglichen Leben zurück.

3. Die Verwirrung aus Mangel an einem geschichtlichen Halt

Neben der uns bereits entschwundenen bürgerlichen Welt aus dem Ende des vorigen Jahrhunderts, auf die man in Südamerika sogleich stößt, sickert aus dem Urwald unaufhaltsam der schwarze Fluß der Neger in die Stadt herein.

Hinter den vollkommen rationalen, modernen Bauten, hinter den Wolkenkratzern von Rio und São Paulo dehnen sich die Hügel, die Berge, der Urwald aus, und von dort dringen unaufhörlich, wie der langsam schleichende Lavastrom eines Vulkans, die Neger ein. Sie strömen aus dem Grünen gleich einer Flüssigkeit, die sich über den Rand ergießt. Und überall entstehen die »Favellas«, die Negersiedlungen, aus Lehm, aus Blech, aus Stroh. Die Neger befinden sich in steter Wanderung aus dem Inneren des Landes, aus dem Urwald zur Stadt hin. Wenn man abends an den »Favellas« vorübergeht, hört man stundenlang den Rhythmus einer Samba, eines Bajong – immer wieder dasselbe Motiv, bis zur Trance. Es sind die sogenannten Samba-Schulen. Eine Gruppe von Negern versammelt sich gleichsam um den neu erfundenen Rhythmus, oder vielleicht geschieht gerade das Entgegengesetzte, denn es sind die Rhythmen, welche die Gemeinschaft erfassen, langsam, ständig sich wiederholend, mit minimalen Variationen auftretend; dann werden sie verworfen, immer wieder aufs neue versucht – so daß die Hingabe an das Unsichtbare offensichtlich wird. Immer wieder stimmen sich die Beteiligten gegenseitig ab, bis der erwartete, einzige, herrschende neue Rhythmus sie alle erfaßt. Warum erwähne ich dies alles? Weil es ein weiteres Element der sich bildenden Geschichte jener Welt ist.

Es war Nacht: die Zeit, in der Städte wie São Paulo vielleicht am gespenstigsten wirken. Die Wolkenkratzer ragen als Lichtsäulen aus der Dunkelheit empor, die Palmen an den Avenidas sind wie falsch angebrachte Dekorationen und flattern wie festgebundene, große, schwarze Vögel. Es war die Zeit der Wahlen, und die ganze Stadt schien von Wahnsinn befallen. Unzählige Lautsprecher schrien gleichzeitig die Namen der verschiedenen Kandidaten, alle Straßen waren von Konfetti überflutet. In der trägen, fetten Luft wirkten die Schreie, die Ausrufe wie grelle Lichtstrahlen in einer schweren Dunkelheit: man zuckte jedesmal zusammen, als sei man von einer unsichtbaren Peitsche getroffen. So schleppte man sich durch die Stadt wie im Traum.

Auf einer dieser Avenidas kam eine schon von weitem sich ankündigende, tönende Menge entlang. Man muß sich das Bild vorstellen: ein ungeheuerlicher Tatzelwurm, der sich langsam, vorsichtig herantastete. Immer wieder blitzten Raketen in die Luft – aber was sage ich: in die Luft? Nein, die Raketen klommen vielmehr in den Schluchten der Wolkenkratzer empor. Als das lärmende, schwerfällige Ungeheuer näher kam, sah man, woraus es gebildet war: Neger tanzten sich allmählich voran, vom Rhythmus der Singenden begleitet. Eine Art politischer Leibgarde irgendeines Wahlkandidaten leitete etwa zweitausend Neger, so wie Elefantenführer die schweren Tritte ihrer Tiere lenken. In der Tat waren alle nur vom Rhythmus beherrscht, der sie wie ein unsichtbares Netz umfaßte und bis zur Bewußtlosigkeit schüttelte.

Nie aber werde ich eine Gestalt unter ihnen vergessen. Während die meisten Neger sich fast die Gelenke ausrenkten – ihre Beine und Arme schienen wie von Fäden gezogen –, bemerkte ich die einsame Gestalt eines Schwarzen, der durch den Rhythmus buchstäblich schwamm. Dann und wann sammelte er diesen Rhythmus in seinen langsamen Bewegungen, manchmal entschlüpfte er den magischen Maschen der Klänge und tauchte seine Hände in geheimnisvolle Tiefen, als suche er die Töne. Bald wieder stand er auf den Zehenspitzen, um etwas Unsichtbares gegen die hohe Nacht emporzuheben. Die großen Augen blickten um sich, ohne etwas zu sehen, ganz verklärt, mit einer Würde, einer Seligkeit, als stünde er im Anblick des Unerhörten, als wollte dieses Unerhörte sich ihm gültig und wohlwollend offenbaren, wobei ihm – dem Neger – bewußt war, daß es ihm zukam, dies zu bekunden. Wo aber geschah das alles? In den Straßen einer modernen Stadt, unter Neonlicht-Reklamen, während Autobusse, Taxis, amerikanische Privatwagen vor dem sich vorwärts wälzenden Lavastrom haltmachen mußten.

Barbarei? Wenn aber tatsächlich solche Kräfte zur geschichtlichen Gestaltung dieses Landes gehören? Es war gleichzeitig ein Bild der Verspottung jeder Technisierung, das Aufwallen des Hinterlandes gegen eine dünne, moderne, technische Kruste: der Wind aus dem Urwald hauchte zwischen die Wolkenkratzer. Hier bricht, quillt also das Leben aus jeglichem geschichtlichen Zusammenhang heraus. Kann man diesem Phänomen gerecht werden, indem man einfachhin vom Beginn einer neuen Geschichte spricht? Man verläßt in Europa eine erstarrte Geschichte, aber soll dies Getümmel hier Geschichte sein oder werden?

Diese Eindrücke werden so mächtig, daß man gar nicht mehr weiß, ob man bereits wieder eine Welt um sich hat, ob man überhaupt noch eine Welt finden wird. Es ist, als kröche das Öde aus allen Winkeln hervor, man glaubt fast, in die tiefe Dunkelheit eines Medusenblicks zu schauen – eine Dunkelheit, die uns versteinert. Man erinnert sich der eigenen Aufgaben. Die Zeit drängt, wir möchten rasch vorwärts, doch es gelingt nicht. Zugleich begegnen wir einem andersartigen Zeitgefühl und gewinnen den Eindruck, einen ganz anderen Rhythmus in uns zu tragen als die Welt, die uns hier umgibt.

Während einer solchen Reise unterliegt man ständig wechselnden Stimmungen, die untereinander keine Verbindung aufweisen; denn man befindet sich in einer Welt, deren Elemente man nicht in unserem Sinne geschichtlich verknüpfen kann, so daß man völlig auf sich selbst angewiesen bleibt. Kein uns gewohnter Raum ist mehr vorhanden, in dem man sich sammeln könnte, und so hat man das Gefühl, bei den eigenen Bewegungen nur Schatten auf eine flache Leinwand zu werfen. Dies ist das Schicksal des Menschen, der den eigenen Raum, die eigene Vergangenheit verloren hat, der voller Angst, voller Ahnungen dasteht und vor allem erzittert, weil alles unbestimmt und ohne Grenze scheint.

Man beginnt sich zu fragen, in welchem Raum und in welcher Zeit man wohl sein mag. Beim Andrang all dieser Eindrücke klammert man sich unwillkürlich an die Zeichen des uns Vertrauten: zum Beispiel an das Vorhandensein der modernen Hotels, in denen man wohnt, an den uns bekannten Großstadtbetrieb, an den Umgang mit Kollegen, kurzum, an alle äußerlichen Merkmale des Gewohnten. Trotzdem vollzieht sich allmählich und unmerkbar eine Unterhöhlung der bekannten Maßstäbe, bis man schließlich nicht mehr weiß, woran man sich halten soll. An das eigene historische Bewußtsein? An die Neugierde für das äußerlich Neue? Hinter uns, in Europa, liegen alle unsere tragischen Erfahrungen; für die Lust am Neuen bleibt wenig übrig, denn die Neugier wird von der Sorge vertrieben. An die Wissenschaft und ihr Treiben? Aber auch unsere Wissenschaft bietet dort keinen unmittelbaren und selbstverständlichen Halt. Alles andere scheint wichtiger. So überkommt uns allmählich das Gefühl, ausgelaugt zu werden, das Gleichgewicht zu verlieren, und wir versinken in einer sinnlosen Einsamkeit.

4. Die Verwirrung der Technik

Kann man sich vor diesen verwirrenden Eindrücken retten, indem man sich drüben entschlossen auf die Insel der modernen Technik flüchtet?

Ich fuhr eines Tages sechshundert Kilometer von der Küste landeinwärts, um eine der technisch vollkommensten Zuckerplantagen zu besichtigen. Über der Landschaft lag ein trostloser, bewölkter Himmel, grau, wie man ihn an der Saale, zwischen Wittenberge und Berlin, im Spätherbst erleben kann. Alles war naß, und es war plötzlich kalt geworden. Die Vegetation hatte durch den Regen ein giftig leuchtendes Grün angenommen. Die Häuser gingen allmählich in Hütten über: trostlos, geschichtslos, kaum noch menschlich; denn keine von diesen Bauten umgrenzte einen menschlichen Raum. Sie erfüllten nur den Zweck, die Menschen gegen Sonne und Regen zu schützen. Dieses immer wiederkehrende Gefühl der Verlassenheit schnürt einem fast die Kehle zu. Alles Menschliche, das man hier antrifft, wirkt isoliert, und zwischen das von Menschen Geschaffene schiebt sich ein Unheimliches, das sich nicht fassen läßt. Ich möchte auch nicht behaupten, jenes Unbestimmte, das zwischen allem hindurchschleicht, sei die unmenschliche Natur, denn in dieser Jahreszeit empfindet man sie gar nicht so feindlich. Man spürt statt dessen etwas anderes: ungeahnte Räume und Zeiten, dem Menschen fremd, welche die Gewalt und Herrschaft anderer Stufen des Lebens bekunden. So fühlt man, daß der Mensch völlig isoliert dasteht; er kommt gegenüber dieser Macht nicht auf, es gelingt ihm nicht, sich eine eigene Umwelt zu schaffen. Alles, was er unternimmt, alles, was er umgrenzt, verhallt ins Weite, und das, was ihn angeht, wird hier unwesentlich. Unsere Auffassung vom

Menschen als Beherrscher der Natur gerät ins Wanken, büßt jegliche Bedeutung ein.

Doch die Insel des modernen technischen Lebens, die Zuckerplantage, wuchert in dieser ungeheuerlichen Landschaft wie ein Krebsgeschwür. Mit dem Wagen fährt man über eigenartige Lehmstraßen, von denen bei Trockenheit der Staub wie roter Puder aufwirbelt, und die Eukalypten, die Bananenbäume, die zitternden Pappeln, die herabhängenden Weiden – alles steht dort durcheinander – scheinen von Blut besudelt, so daß man den Eindruck hat, als wären auf diesen einsamen Straßen bluttriefende Lastwagen vorbeigefahren. Die Landschaft weitet sich monoton, undurchdringlich in ihrer Mattheit, und endlich kommt man zu dem Betrieb – wenn man die Plantage so nennen kann; denn sie dehnt sich wie eine Provinz über fünfzehntausend Hektar aus.

Was stellt der Mensch dort noch dar? Jeder seiner Schritte, jede seiner Bewegungen ist eine Funktion innerhalb der technischen Arbeit. Jeder seiner Augenblicke – sei es der Ruhe oder der Tätigkeit, des Schlafs oder der Erholung – ist nur ein Moment in der Produktion der süßen Flüssigkeit, die aus dem Zuckerrohr gepreßt wird. So wirkt faktisch das Herz des Betriebes, der Maschinenpark mit seinen riesigen Walzen, gleichzeitig als das Herz der ganzen Gemeinde. Die Zuckerherstellung ist das einzige Ziel und das Maß eines jeden Augenblicks; mit eiserner Konsequenz wird sie durchgeführt, dort am Rande der unheimlichen Natur. Das Menschliche wird vom Technischen umgrenzt und bestimmt. In den eisernen Maschen eines rationalen, hochmodernen wirtschaftlichen Kollektivs ist weder Platz für etwas Unnützes oder Unerwartetes noch für Selbstbesinnung.

Also kann man auch nicht auf der Insel der Technik

Zuflucht finden, aus einem doppelten Grund: Einerseits vermag uns die Technik – deren Vordringen unsere alte Geschichte zum Erstarren bringt – drüben ebensowenig wie in Europa eine *menschliche* Zeitorientierung zu bieten. Andererseits wirkt sie verwirrend, teils durch die Gewalt der Natur ringsum, in der sie isoliert auftaucht, teils, weil sie wiederum ganz eigene, für uns unzeitgemäße Aspekte aufweist. Denn die technische Welt ragt nicht nur gespenstisch am Rande einer uns geschichtlich scheinenden Welt auf, sondern zugleich am Rande einer ungeschichtlichen Natur. Unsere abendländischen Probleme werden immer vordringlicher, weil die Technik in keiner Weise die Fragen des Menschen zu lösen imstande ist; sie stellt wohl Errungenschaften her, welche anwendbar sind, deren Ziel aber in seinem letzten Aspekt unmöglich von diesem Werkzeugartigen abgeleitet werden kann. Anfang und Ende der Geschichte überschneiden sich hier derart, daß die geschichtlichen Kategorien selbst fragwürdig werden, weil das, woraufhin ein Beginn und ein Ende anzusetzen wären, nirgends mehr sichtbar ist. Eine rein technische Entwicklung richtet die menschliche Geschichte zugrunde; deshalb sagte ich, die technische Welt wirke drüben wie eine Art Wucherung oder eher wie ein wildes Tier; daher auch der trostlose Eindruck jener technischen Stätte, das Erbarmungslose ihrer an sich so großartigen Anlagen. Wir treffen dort einen Zustand an, in dem die Technik, ohne den Hintergrund einer Geschichte, noch erdrückender erscheint, weil sie in einem völlig luftleeren Raume hängt. Zugleich erleben wir aber, daß die Geschichte uns nur dann einen Hintergrund, einen Halt liefert, wenn sie menschliches Geschehen bekundet und sich nicht allein im Geschehen des technischen Fortschritts erschöpft. Man kann unmöglich sagen, das Menschliche beschränke sich darauf, Mittel zum Leben zu schaffen, ohne die Frage nach dem Wesen des Menschen zu stellen, ohne daß man aufdeckt, was sich ihm durch die Phantasie, den Mythos, die Tat offenbaren kann. Geschichte sinkt dann einfach zu einem orientierungslosen Geschehen herab, das um so erschreckender wirkt, weil es dort in der überall hervorquellenden Natur sich vollzieht – einer Natur, die in ihrer Gebundenheit und ewigen Wiederkehr ständig an Grenzen und ursprüngliche Bindungen mahnt. Wo aber liegt die Grenze der menschlichen Welt?

5. Die Welt der reinen Möglichkeiten

Die Kette der Anden liegt wie ein hingegossener Schatten am Rande der Pampa, dort, wo sie in eine Steinwüste übergeht. Das Wesen dieser großen Bergkette erfaßt man vielleicht am besten, wenn man sie von der Ebene aus am frühen Morgen oder in der Abenddämmerung erblickt: hellgrau in endlosen Überschneidungen verlaufend, aufgerichtet wie ein Wall, als wollte er uns von einer hinter ihm verborgenen Welt abhalten.

Ist es Morgen, so fangen diese Bergzüge das erste rötliche Licht auf, während zu ihren Füßen noch alles in Dunkelheit gehüllt bleibt. Am Abend aber erheben sie sich vor dem hellen Horizont wie eine einzige flache Wand.

Von der Steinwüste gelangt man zu den Vor-Cordilleren, die ganz eigenartige Bildungen aufweisen; sie gleichen runden Rücken von Elefanten, kahl, grau, glitzernd, mit Rissen, die wie ungeheuerliche Runzeln aussehen. Wenn man in diesem Gebiet umherschweift, eröffnen sich dauernd neue Perspektiven. Es ist der Zugang zu einer unheimlichen Welt, denn wie könnte ein geschichtliches Lebewesen in dieser Stille, in diesen Schatten, in diesen Grüften die eigene Orientierung wiederfinden? Alles liegt kahl und nackt umher wie die Trümmer einer Zyklopenmauer. Und nun begibt man sich in einsame Täler, einsame Berge, und das von oben, von den Seiten her einströmende Licht wirkt wie durch Kristall filtriert. In der dünnen Höhenluft wird einem das Leben ausgesogen. Alles wird unbeweglich, starr, unerschütterlich: Sprachen, Unterscheidungen, Erwartungen haben keinen Sinn mehr, jede Mitteilung erübrigt sich, denn es gibt keinen anderen, der uns etwas anginge, und es ist schlechthin unsere eigene Angelegenheit, ob das, was sich vor uns erhebt, gesehen wird oder nicht.

Wie aus durchsichtigem Glas erscheinen die starren Formen der farbigen Berge, sie sind eins mit dem Äther, eins mit der Zeitlosigkeit eines heiteren Himmels, der nie von einer Wolke beschattet wird. Plötzlich zeigt diese Wirklichkeit eine andere Seite: Sie ist nicht mehr das Unbewegliche, sie beginnt sich dämonisch zu verzerren. Alles kann so oder so gesehen und gedeutet werden, je nach dem Ausgangspunkt, den man wählt; die Wahl selbst ist ganz willkürlich, zufällig. Einmal ist es eine Farbe, die uns anzieht und unsere Betrachtung bestimmt; ein anderes Mal ist es ein riesiger herabgerollter Steinblock, nach dem wir Größen und Entfernungen schätzen, um dann sehr bald zu merken, wie relativ und keineswegs abschätzbar die Entfernungen sind und welch verschiedene Maßstäbe angewandt werden können.

So gerät diese versteinerte Welt plötzlich in Bewegung, sie verschiebt sich, verändert sich wie durch magische Kräfte. Man steht vor einem Geröll, das einem bunten Stoff gleicht, über den blaue, rote, grüne Tinte ausgelaufen ist. Man meint, ganz dicht bei diesem Geröll zu stehen, merkt aber sofort, wie sehr man sich getäuscht hat; es ist viel größer und entfernter, als man vermutete, und die gewaltige Fläche verwandelt sich, sie ist kaum noch als etwas Greifbares zu erfahren. Man weiß nicht, ob man neben ihr steht oder durch sie hindurchfahren wird, denn schon wirkt die felsige Fläche wie ein wehender, farbiger Schleier. Ist das aber nicht das Chaos selbst, und zwar *nicht* ein Chaos *im Sinne von Unordnung*, sondern in dem Sinne, daß jeglicher Form eine Ordnung aufgeprägt werden kann, die sich vom angewandten Maßstab her bestimmt?

Hier in den Anden erfahren wir die Realität einer

Welt der reinen Möglichkeiten. Durch diesen Möglichkeitscharakter erscheint die Natur als ein Magisches. Die Steine spalten sich in dem veränderlichen Licht, und wir entdecken in den Gestalten der Blöcke immer neue Grimassen, neue Ungeheuer – so, als schickten wir uns an, die Flecken auf einer Mauer mit der Phantasie zu deuten. Hier kommt einem die Kunst der Inkas in den Sinn. Ich erinnere mich, daß sie in Museen und auf Abbildungen stets befremdend auf mich wirkte. Nun wurde mir plötzlich klar, daß es dabei um etwas ganz anderes geht als um das, was wir »Kunst« nennen; denn Kunst ist Abgrenzung, daher ein Unterscheiden, ein Verwirklichen und gleichzeitig ein Sich-befreien. Jene Motive der Inkas aber sind wahrscheinlich von einem anthropomorphen Standpunkt aus gar nicht zu deuten, sie sind vielmehr Sinnbilder des Verführerischen und Veränderlichen. Die Natur tritt hier also nicht als Herausforderung zu einer technischen, historischen oder biologischen Handlung auf, sondern als Ausgangspunkt für Entwürfe aller möglichen Ordnungen.

Vor einer so völlig a-historischen, un-lebendigen und zeitlosen Wirklichkeit ist vielleicht als einzige Reaktion die Beschaulichkeit denkbar. Sie wäre Ausdruck, ja sogar Inbegriff jener einsamen, schweigsamen Haltung, die nur beim Anblick des Allgemeinen möglich wird, einer Haltung, die sich in dem, was die Griechen in der Verwirklichung des »nous« erblickten, widerspiegelt und offenbart.

Die Natur begegnet uns als eine in sich geschlossene Wirklichkeit ohne Geschichte, außerhalb der Zeit. Denn woran könnte hier ein Geschehen gemessen, auf Grund wovon etwas, das uns angeht und das noch nicht ist, erwartet werden? Tage und Nächte folgen einander in ständig gleichbleibendem Kreislauf, höchstens die wandelnden Schatten könnten Veränderungen kundtun, doch auch sie bringen durch ihre Regelmäßigkeit das Unveränderliche nur noch deutlicher zur Erscheinung. Das Wort hat dort keinen Sinn mehr. Das Wort ist Ausdruck und als solcher immer Erwiderung auf Anforderungen, die das Leben stellt: ein Unterscheiden, ein Abheben und Abgrenzen. Aber wozu hier etwas unterscheiden? Der Sinn der Dinge erscheint in jenen einsamen Bergen als ein Geheimnis, das jegliches Bedürfnis nach Mitteilung ausschließt. Selbst die menschliche Ansprache wird sinnlos, denn sie setzt Anforderungen, Verwirklichungen, Geschichte voraus. Die absolute Einsamkeit setzt statt dessen reines Schauen voraus, reine Betrachtung dessen, was immer ist, Schweigen und Unbeweglichkeit. Wie ist aber eine solche Wirklichkeit zu erfassen? Als etwas Unter- oder Übermenschliches? Können wir – gerade wir, die wir ganz in der Geschichte leben, ja sogar in ihr ersticken – überhaupt die Möglichkeit eines ungeschichtlichen Lebens zugeben, oder ist nicht schon diese Formulierung für uns ein Widerspruch in sich?

6. Der Urwald

Wenden wir uns jetzt dem brasilianischen Urwald zu. Der Himmel, eine nicht sehr farbige, aber sehr leuchtende Decke, ist wie ein riesiges Zelt aufgespannt. Man geht am Rande einer Vegetation entlang, die wie eine einzige Masse aus gepreßtem, dunkelgrün und fest gewordenem Saft wirkt. An den Gegenständen können wir uns keineswegs orientieren, denn sie erscheinen uns Europäern unterschiedslos; auf sich selbst kann man sich ebensowenig beziehen, da es genügt, sich nur umzuwenden, um nicht mehr zu wissen, wo man steht. Allmählich beginnt alles zu schwanken, umsonst verhält man seinen Schritt – das Stehen bietet ebensowenig Halt wie das Gehen. Das Vieldeutige schleicht sich ganz langsam heran. Selbst unser Begleiter scheint kaum mehr gegenwärtig, trotz der Nähe ist er unerreichbar, durchsichtig, unfaßbar, und so kann auch er einem nicht helfen. Man ist plötzlich wie ausgesaugt, man fühlt sich in dem mimikryartigen Wandel der Natur gefangen.

Dort gibt es kein Ende und keinen Anfang: es hilft der Selbstbehauptung wenig, daß man die Möglichkeit hat, sich in das Meßbare zu retten. Gewiß, auch dort sind Entfernungen meßbar, aber Messungen scheinen willkürlich, wenn das, was den Menschen angeht, in dieser Unendlichkeit jede Bedeutung verliert. Jegliche Unterscheidung fällt ins Leere; das Hier ist kaum *mehr* Hier als das Dort, selbst das Heute bedeutet kaum etwas anderes als das Morgen oder das Gestern. Ringsumher gibt es einzig den stummen, sich immer wiederholenden, allein waltenden Rhythmus der Natur; ihre Wandlung wird nur erkennbar auf Grund unserer willkürlichen Einschnitte, und wenn man schweigend, allein in ihr steht, meint man, nur das Geräusch unsichtbarer Zahnräder zu vernehmen, in denen eine Gefahr lauert, der man sich auch nicht mit einem Finger nähern möchte. Wir erfahren dies, weil wir uns nicht mehr schlechthin im Rhythmus der Natur, aber auch nicht in einem von Menschen entworfenen und beherrschten Raum befinden; daher vermissen wir jeglichen Anhaltspunkt. Es ist, als bewegten wir uns zwischen verschiebbaren Kulissen: menschliche Entfernungen und Zeitmessungen sind in der uns umgebenden, vegetativen und animalischen Welt aufgehoben. Man bewegt sich wie zwischen Vexierspiegeln, die unsere Einsamkeit ins Unermeßliche vervielfältigen. Schon durch die Griechen wissen wir vom Entsetzen vor dem, was sich außerhalb des vom Menschen entworfenen Raumes – der Stadt, der Polis – ausdehnt, vor jenem Außerhalb, in dem man dem Dämonischen, dem Ungeheuerlichen begegnet. Außerhalb des menschlichen Raumes erfaßt uns ein Schwindel: Hat man keinen Anhaltspunkt mehr, so steigen die Versuchungen des Abgrundes vor uns auf. Es ist bedeutungsvoll, daß die Mystiker, sobald sie die geschichtliche Welt verlassen haben, aber noch nicht zur neuen ungeschichtlichen Wirklichkeit gelangt sind, in ihrer absoluten Einsamkeit immer wieder von der Versuchung des Abgründigen sprechen. Es geht da um die Versuchung an sich: das Böse ist eben die Möglichkeit, beliebige Beziehungen in die Realität hineinzuprojizieren. Das Böse ist das Unbegrenzte, das beliebig aufgeteilt werden kann, ohne daß irgendeine seiner Teilungslinien in einem Ursprünglichen verankert wäre. Daher sprechen die Mystiker von der Gefahr, der sie unentwegt ausgesetzt sind: die eigene Auflösung zu erleben; denn steht man nicht mehr einem ursprünglich Wirklichen gegenüber – und die Mystiker verlassen doch die geschichtliche Welt –, so verfällt man der Versuchung, sich völlig zu zersetzen, sich zu verströmen, auseinanderzufließen.

Dies ist die Erfahrung des Entsetzens, die einem im a-historischen Raum zuteil werden kann – jenes Entsetzens, das jedem Entwurf eines menschlichen bzw. geschichtlichen Raumes zugrunde liegt. Ähnliches müssen wohl die ersten Missionare erlebt haben, als sie es wagten, in eine derartige Natur abendländische Raumkonzeptionen zu stellen. Aber wie zart, zaghaft und zugleich tragisch gefährdet erscheinen diese Konzeptionen, die den heranbrandenden Wellen der Natur entgegentraten!

Ich erinnere mich an eine Reise in das Innere Brasiliens. Die Straße schneidet sich ins Grüne ein wie eine Wunde, so roh und unnatürlich wirkt sie. Hie und da gerodeter Urwald, dann weite freie Ebene; die Eingeborenen, denen man begegnet, bewegen sich müde, apathisch, als gehc sie nichts mehr an, als sei alles um sie her verstummt. Diese Stimmung beginnt auch uns zu überwältigen: man hat den Eindruck, nichts könne Anfang noch Ende haben; alles ist wie ein schwebender Traum, in dem man selbst untertaucht. Auch die Hunde, mager, räudig, scheinen uns mit ihren Blicken zu mahnen, daß es in dieser Unbegrenztheit keine Rettung gibt. Vom Walde weht leicht die Luft wie eine unsichtbare Welle, und die Atmosphäre beginnt zu zittern; doch diese Welle verläuft sich, und wieder taucht die Wirklichkeit der roten Erde des Dorfes, trocken, staubig, vor uns auf. Alles steht unbeweglich in der grauen, schwülen Luft – da erscheint mit einem Mal, als einziges Zeichen des Lebens, ein Reiter auf einem schwarzen Pferd. In einiger Entfernung hält er an, er blickt nach uns, als ob er der Hölle melden müsse, neue Beute sei in Sicht; und ebenso rasch, wie er erschienen ist, verschwindet er wieder.

Wir stehen vor einer kleinen hölzernen Kirche des 16. Jahrhunderts: heute ein Nationaldenkmal. Für uns Europäer ist sie nur eine verlotterte Bauernkirche. Das Innere ist ein Bild der Trostlosigkeit. Auf dem geschnitzten Holzaltar glitzert der Doppeladler der Habsburger (Portugal war sechzig Jahre lang von Spanien annektiert), und dieser bescheidene Meilenstein der Historie wirkt gespenstig, um so mehr, als der Adler mit wilden Farben bemalt ist; denn die Indios haben ihm das Siegel ihrer Welt aufgeprägt. Die christlichen Gestalten scheinen ins Leere gestellt. Man spürt überall jene Verzweiflung, die nicht nur einer menschlichen Sehnsucht entspringt, sondern dem Versuch, in diese grausame Natur irgendein menschliches Symbol hineinzustellen. Aber der Raum, in dem dies alles seine Geborgenheit hätte finden sollen, ist in Wahrheit vor der umgebenden Natur so wenig geschützt, daß man kaum begreift, wie Menschen dort einen Zufluchtsort gefunden haben. In der Sakristei stehen Engel herum, von Indios primitiv geschnitzt; sie bekunden in der Komposition eine gänzlich andersartige Phantasie als die abendländische. Dadurch kommt eine eigentümliche Dissonanz zum Vorschein: ihrem Aussehen nach gehören diese Engel in unsere Welt; durch die Komposition verwandelt, bekunden sie ein uns völlig fremdes Lebensgefühl. In dunkler Ecke steht ein magerer, ausgemergelter Christus: eine bemalte Holzfigur, deren gerötete Augen hervortreten, als habe man die Erinnerungen des eigenen Lebens in dieser Umwelt von Glut und Staub damit zum Ausdruck bringen wollen. Der rabenschwarze Spitzbart steht hart gegen das gelbe Gesicht ab, auf den Schultern trägt er eine dunkelrote Samtdecke zum Wahrzeichen, daß er ein König sei. Aber unter dem Mantel – der viel zu groß für ihn ist und dadurch seine Schmächtigkeit hervorhebt – kommen auf dem nackten Leib zwei dicke, harte Seile zum Vorschein, die ihm die Handgelenke fesseln. Er scheint in eine a-historische Gegenwart hineinzustarren, verzweifelt bei dem Versuch, die christliche Botschaft gegen die Natur auszuspielen; kaum christlich in dieser Verzweiflung, denn das Antlitz des Dulders trägt Züge indianischer Hoffnungslosigkeit. Als die Abendstunde herannaht, wirken Kirche, Gang, Sakristei und die Räume des angeschlossenen Klosters in ihrer Armut und Verlassenheit wie ein zu dünner Schutzwall gegen die Natur. Es ist, als sollte all dies die Gefährdung der christlichen Welt in einer solchen Umwelt sinnbildlich darstellen.

Unser Bericht über die Verwirrungen, in die uns das Erlebnis des Urwaldes stürzt, wäre aber nicht vollständig, wenn wir nicht auch die Kehrseite dessen, was wir bisher erzählten, zu zeigen versuchten. Denn ebenso wie der Urwald uns in den Zustand des Entsetzens zwingt, kann er uns auch das Gefühl einer besonderen Geborgenheit geben, einer Geborgenheit, wie man sie vielleicht überhaupt nur in einem vorgeschichtlichen Zustand erfahren kann.

Wagt man sich in den kolumbianischen oder brasilianischen Urwald, in einer Höhe, die das Klima für den Europäer erträglich macht, so fühlt man sich nach und nach in eine verzauberte und verzaubernde Welt von Gewalten hineingezogen, die uns zwingen, die Eigenschaften der Umwelt zu erleiden, ohne daß man sich irgendwie zu wehren vermöchte. Das undurchdringliche grüne Halbdunkel der hohen Bäume ist eine festgefügte Wirklichkeit, und der weite Atem der Natur in ihrem Urzustand nimmt einen gefangen. Das Laub wölbt sich dicht, es ist wie ein großer bergender Schirm, unter dem, im feucht-grünen Schatten verborgen, rote Blumen wie geheimnisvolle Wesen leuchten. Umgestürzte Stämme liegen umher wie große Masten versunkener Schiffe auf einem phantastischen Meeresgrund – Masten, auf denen Moos, Schlingpflanzen und Algen wuchern, die als graublaue, gespenstig wehende Schleier die Äste bedecken. Die Feuchtigkeit der Tropen breitet die Algen und die moosartige Flora wie einen schweren, feuchten Teppich aus.

Bei Tag ist der Urwald unheimlich still. Erst bei Sonnenuntergang erwachen die Geräusche. Das Schweigen wird plötzlich von einem einzelnen Vogel zerrissen; dann verstummt er wieder, und man hört nur tröpfelnde Nässe, aus der Ferne das Rauschen des Flusses. Unmerklich wird man von dem eigenartigen Rhythmus eingefangen. Da bricht in der Nacht ein tropisches Gewitter los: ganz unerwartet, ohne Vorzeichen. Der Regen überflutet alles, als wären die Dämme eines Stromes durchgebrochen. In wenigen Augenblicken steigt der Sturm zu rasender Gewalt an und übertönt den Lärm des auf das Laubgewölbe niederprasselnden Regens. Man möchte glauben, der ferne Magdalenenstrom sei aus seinem Bett getreten und umschwemme die Hügel.

In solchen Augenblicken erfährt der Mensch die Unabänderlichkeit der Natur wie das eigene Schicksal, und mit einem Mal erscheint ihm seine Zielstrebigkeit ihr gegenüber als Frevel, Untätigkeit dagegen als das allein Richtige und Entscheidende. Die Natur gewinnt die Bedeutung eines Mediums der Kontemplation im Sinne des Sich-einfügens in eine tiefere Wirklichkeit als die unserer alltäglichen Ziele, und jeder Versuch, den Blick auf etwas zu richten, das noch nicht ist, oder sich an etwas zu erinnern, das nicht mehr ist, erscheint nicht nur beschränkt und kümmerlich, sondern frevelhaft. Es ist ein seltsamer Zustand, vor der

Majestät der Natur zu stehen und ihr gleichzeitig als Glied anzugehören: Tod und Geburt, Jugend und Alter werden zu unwesentlichen Momenten. Man erfährt die Ohnmacht nicht nur der Wünsche und Gedanken, sondern auch der Hoffnungen und Leidenschaften. Man verweilt in einem Gestimmtsein, das jedes Noch-nicht und Nicht-mehr in sich beschlossen hält: man fühlt sich in einer ruhenden Ordnung geborgen. Geschichte weist keine Notwendigkeit mehr auf, denn alles ist schon »da«. Geschichte als Streben nach dem, was noch nicht »da« ist – was daher als zu Erringendes vorgestellt werden muß –, hat ihren Sinn verloren; man hat eine vorgeschichtliche Wirklichkeit betreten. Unwillkürlich – wie paradox die Erinnerung in einem solchen Augenblick und Zustand auch scheinen mag – kamen mir die Worte Dostojewskis aus dem »Traum eines lächerlichen Menschen« in den Sinn, wo vom Menschen in einem solchen vorgeschichtlichen Zustand die Rede ist: »Ich sage selbst ... und ich begriff sofort, daß ich sie in vielem überhaupt nicht würde verstehen können ... Die Menschen wünschten sich in jener Natur nichts; sie waren ruhig und zufrieden, sie rangen nicht nach der Erkenntnis des Lebens, so, wie wir es tun, denn ihr Leben war vollkommen ausgefüllt. Doch war ihr Wissen ein tieferes und höheres als das unserer Wissenschaft; denn unsere Wissenschaft versucht das Leben zu erklären, will es selbst ergründen, um die Menschen zu lehren, wie sie leben sollen; sie aber wußten schon, wie sie zu leben hatten ... Sie wiesen auf ihre Bäume hin ... als ob die Bäume Menschen wie sie gewesen wären ... ja sie kannten deren Sprache, und ich bin überzeugt, daß auch die Bäume sie verstanden. Und so sahen sie auch auf die ganze übrige Naturwelt, auch auf die Tiere ...«

IV

Relikte
einer vergessenen
Geschichte

1. Die Fragwürdigkeit des Vorranges der Geschichtlichkeit

Unser historisches Interesse bei der Betrachtung des menschlichen Daseins geht von folgenden Voraussetzungen aus:

Der Mensch steht – im Gegensatz zum Tier, dessen Leben in naturgebundenen Schemata verläuft – der Realität zunächst ohne Orientierung gegenüber. Er findet nicht unmittelbar den richtigen Weg, um sich wesensgemäß zu verwirklichen und zu behaupten. Er kann sich nur in einer ununterbrochenen Kette von Erfahrungen realisieren. Deshalb ist es für ihn von grundsätzlicher Wichtigkeit, diesem Werden zu folgen, durch das er aus der Dunkelheit zum Licht gelangt. Die Entwurzelung führt den Menschen notwendigermaßen zu einem grundsätzlichen Interesse an der Geschichte: in ihr wird die Vergangenheit bewahrt, soweit sie für die Verwirklichung des Menschen bzw. für seine Bildung von Belang ist; und was kann für den entwurzelten Menschen, dem keine festen Wege vorgeschrieben sind, wichtiger sein als das Festhalten dieser Geschichte, der Erfahrung, wann und durch welche Taten der Mensch sich behauptet hat oder unterlegen ist?

Aber wem gegenüber hatte der Mensch sich ursprünglich zu behaupten? Zuallererst: gegenüber der Natur, die ihm feindlich entgegentrat. Dies meinte wohl auch Vico, als er sagte, daß die Griechen die menschliche Zeit mit den Olympischen Spielen zu messen begannen, indem sie Herakles für seinen Sieg über die Kräfte der Natur – symbolisiert durch den Löwen – feierten. Nicht zu allen Zeiten und an allen Orten galt aber der Sieg über die Natur als das Sinnbild menschlicher Bewährung. Für die Römer zum Beispiel galt das »Recht« als das Vorbild der »richtigen« Verwirklichung des Menschen. Daher sahen sie in der Rechtswissenschaft den Ansatz der Geschichte. Jede Geschichte wurzelt also in einer bestimmten Auffassung des Menschen. Beweis dafür ist, daß eine bestimmte geschichtliche Betrachtungsweise zugleich mit einer bestimmten Auffassung des Menschen überwunden wird.

Da es für uns hier um die Konfrontation mit der südamerikanischen Realität geht, müssen wir fragen: zwingt sie uns nicht, den Vorrang einer geschichtlichen Wertung des Menschen zu überprüfen? Vielleicht werden wir zu der Erkenntnis gelangen, daß jene Wertung uns keinen Zugang zu den Kulturen des neuen Kontinents vermitteln kann, ja, daß sie schon bei dem Versuch, das ursprüngliche Wesen des Menschen zu erschließen, versagt.

Geschichte – so sagte ich – ist die Erzählung des Noch-nicht und des Nicht-mehr der verschiedenen Stufen menschlicher Verwirklichung. Sind wir aber weiterhin berechtigt, von Geschichte zu sprechen, wo keine Stufen, keine fortschreitende Entwicklung aufzuweisen sind?

Einer solchen Wirklichkeit begegnen wir in Südamerika. Wir treffen dort Kulturen an, für welche Sonne, Mond, die Folge der Jahreszeiten, Urwald, Berge, Ebenen und Meer keine naturwissenschaftlichen Fakten darstellen, die der Mensch nur auszunutzen braucht, sondern eine Wirklichkeit, der er sich einfügen muß, wenn er den Rhythmus seiner Handlungen ordnen will. Ich denke etwa an die Gründung einer Stadt wie Machu-Picchu oder des wahrscheinlich kultischen Ortes bei Lima, Paccha Camac. Ausschlaggebend bei der Wahl des Ortes war offenbar der unmittelbare Kontakt mit der Natur; darum wäre es ein vergebliches Bemühen, jene Wahl nur aus dem Wunsch nach einer »Beherrschung« der Natur oder aus ökonomischen oder sonstwie eigennützigen Werten und Maßstäben erklären zu wollen.

Wo der Mensch sich ständig an der Objektivität der Dinge, der Natur, der Jahreszeiten, der Flora und der Fauna orientiert, wird ihm die Unbedingtheit eines Rhythmus, einer Ordnung offenbar, welche die *Beständigkeit des Identischen* aufweist. Die Identität der Natur offenbart ihm eine Ordnung, in der *jegliche Veränderung eine Katastrophe* bedeuten würde.

Auf diesem Kontinent stellt sich, zumindest als Möglichkeit, eine Erfahrung ein, die den Vorrang der historischen Kategorien erschüttert und darüber hinaus Geschichte sogar als einen Verfall erscheinen läßt: denn sie würde ein Bericht über das Herabsinken, das Abgleiten aus dem Wesentlichen in das Relative und Unwesentliche.

Im Rhythmus eines archaischen Lebens erfährt man die unerschütterliche Ordnung in der Wiederkehr der Monate, der Jahreszeiten, der Jahre – einem Bestand also, in dem jedes einzelne Werden unwesentlich ist, denn das Werden selbst offenbart seine ewige Identität. Der Mensch gelangt hier zur Möglichkeit, eine Kultur aufzubauen, in deren Werden sich ein ewig Bestehendes bekundet. Jeder Moment dieses Werdens ist dann notwendigerweise ein Heiliges, denn die einzelnen Handlungen verlieren sich nicht in der Zeit, sondern werden zu Zeichen einer einzigen Gegenwart. Die Jagd und all die ihr zugehörenden Handlungen (das Erwarten des Wildes, das Erlegen, das Aufteilen der Beute usw.) erhalten eine hieratische, kultische Bedeutung, denn sie bilden wesentliche Momente des *Bestehens* der Gemeinschaft. Alle jene Handlungen, die nicht ursprünglich diesem Wesentlichen und immer Identischen zugehören – also z.B. die Wahl eines Weges statt eines anderen, das Sich-auf-die-Jagd-Begeben mit dem einen Gefährten statt mit dem anderen, kurzum: alles Alltägliche –, sind dann unwichtig, denn sie gehören dem Vergänglichen an.

Welches Interesse kann eine dergestalt aufgebaute Kultur für Geschichte aufbringen? In solchen Kulturen begegnet man nur Dokumenten, die einen kultischen, religiösen Sinn haben und die als *kultische Realität* ihre einzige und ursprüngliche Äußerung sind.

Wir sagten eben: »wesentliche und unwesentliche Handlungen«. Wir verstehen diese Unterscheidung vielleicht besser, wenn wir uns der Begriffsbestimmung der Griechen erinnern: sie sprachen von *»Harmonie«* als vitalem Prinzip, das heißt vom »Einklang«, vom »Gestimmtsein« in Hinblick auf ein gemeinsames Ziel (telos), wobei das Ziel den Rahmen angibt, innerhalb dessen alles begrenzt wird; dieser Einklang, dieses Gestimmtsein bedeutet Bereitschaft zu Einzelhandlungen, die auf das gemeinsame Ziel hin ausgerichtet sind. Es ist also wesentlich, dieser Harmonie zu dienen und den Menschen im Hinblick auf sie zu erziehen. Was einen dann angeht, ist nicht das Erreichen *irgendeines* Zieles, sondern die Fähigkeit, den Blick auf das unvergängliche, »letzte« Ziel zu richten; wesentlich ist es somit, jene Momente zu pflegen, die den einzelnen in die richtige »Stimmung« versetzen, welche die gewünschte Bereitschaft für das unvergängliche Ziel ermöglicht. Solche »Stimmungs«-Kulturen führen Lebensformen durch, deren Intention nicht von dem Wunsch beherrscht ist, das Veränderliche aufzubewahren. Denn nur das, *was immer gegenwärtig*, ein *immer Seiendes* ist, kann von Bedeutung sein, während alles andere zum Staub zurückkehren muß, aus dem es entstanden ist.

2. Die Geschichte verlorener Welten

Nach zweieinhalb Stunden Flug – mit dem Sauerstoffschlauch im Mund, da unser holpriges Militärflugzeug einen Höhenunterschied von sechstausend Meter überwinden muß – gelangen wir nach Cuzco, der ehemaligen Hauptstadt des Inkareiches, die auf einer Höhe von dreitausendfünfhundert Metern in einem Kessel wie verloren in den Bergen liegt. Zunächst erblickt man weiter nichts als eine kleine spanische Provinzstadt. Weite Plätze, niedrige Häuser mit dunklen Holzbalkonen an weißgetünchten kahlen Wänden, in Stein gemeißelte Familienwappen – alles Zeugen eines bunten, mächtigen Lebens, von dem nichts mehr übriggeblieben ist; Türen und Fenster, Balkone und Höfe stehen da wie das Gerüst einer verschwundenen Welt.

Wir waren nach Cuzco eingeladen worden, um an der dortigen Universität – von den Spaniern bereits 1570, vierzig Jahre nach der Conquista, gegründet – Vorträge zu halten. Es war schon dunkel, im Vorhof des Hauptsaales erblickten wir die grotesken Gestalten von vier Musikern: der eine saß vor einem altmodischen Klavier, zwei hielten lange Flöten und der vierte hantierte mit einer dunkelbraunen Geige, die sich eigentümlich von der weißen Wand abhob. Das spärliche Licht verbreitete eine unheimliche Atmosphäre, die von etwas Bösem durchdrungen schien, das aus den vom Erdbeben beschädigten Mauern drohte. Trotz der Gegenwart vieler Menschen wirkte der Saal leer, und je mehr Reden aufeinanderfolgten, desto leerer wurde der Raum. Die Raumgrenzen verschoben sich, so als sei dies das unmittelbare magische Ergebnis der inkaischen Musik, die nach jeder Rede einsetzte. Musik? Es waren inkaische Motive, von einem lokalen Komponisten aneinandergereiht: Motive, die in den Raum hineinplatzten, wie Klagen aus einer fremden Welt, im zitternden Ton des ausgeleierten Klaviers endend, in dessen Vibrationen die Trostlosigkeit von Clementi-Studien nachklang.

Das war keine musikalische Darbietung mehr, sondern eine Darstellung der Hölle. Nicht jener Hölle des Glaubens mit Flammen und Qual, sondern jener des provinziellen Ehrgeizes, der sich in Reden ergießt; kalt, zusammenhanglos plätscherten sie in den Saal, während wir Zuhörer im Halbkreis auf den Stühlen hockten, wie vom Teufel beschworene Geister. Um das Unmenschliche dieser Versammlung noch zu steigern, fehlte auch nicht die Komponente der modernen Technik: das völlig sinnlose Mikrophon, das sogar die menschliche Stimme – vielleicht das einzige menschliche Zeichen, das sich hier noch hätte kundtun können – blechern, stotternd und hohl verhallen ließ.

Durch diese spanische Stadt, in der noch an jeder Ecke Zeichen einer abendländischen Einwirkung sichtbar sind, huschen die Indios, tauchen auf und verschwinden – wie Fische auf dem Meeresgrund in einer versunkenen Stadt. Sie tragen noch kurze, schwarze Hosen wie die Spanier des 18. Jahrhunderts, wandern umher, eingehüllt in Stoffe mit alten Mustern (die gleichen, die auch im Museum zu sehen sind), in Shawls, deren Farbtöne aus der Inkazeit stammen, mit gelben Gesichtern, oft schielend, verkrüppelt, lumpig, zerrissen – zu dieser Welt nicht gehörend. Ganz plötzlich erscheinen sie in den engen Gassen, meistens laufend, als wollten sie fliehen. Lemuren mit grotesken Strohhüten, eilende Attrappen, in dem gelben Staub schwimmend, der auf der Stadt liegt. Diese Menschen können uns von der Vergangenheit nichts mehr erzählen, weil sie völlig aus ihr herausgeschnitten sind.

All das wird noch unwirklicher durch die merkwürdigen Lamas, die uns in den Gassen entgegenkommen mit langem Hals und großen glasigen Augen, die sie verdrehen, um einen anzuschauen; es ist, als lebten in ihnen verzauberte Menschen, die uns aus Schlitzaugen spöttisch betrachten, uns nahe und doch ganz fern, denn in ihrer tierischen Verkleidung können wir sie weder erreichen noch befragen. An ihren spitzen Ohren hängen oft farbige Bänder und Wollquasten, die wie kleine Fahnen wehen und die Tiere verunstalten.

Ein Zauberbann scheint über der Stadt zu walten. Tatsächlich begegnet man hier den Hexen: in mehrere schwere Röcke eingehüllt, rennen – sie rennen immer – die stummen Indiofrauen die Gassen auf und ab, und im Laufen spinnen sie mit ausgebreiteten Armen. In der einen Hand halten sie den Wollfaden, den sie mit dünnen, flachen, gelblichen Fingern drehen, und in der anderen, hoch emporgehobenen Hand tragen sie den Rocken wie ein abgebrochenes Zepter, während der blaue oder rote Faden von der einen zur anderen Seite in zwirbelnder Bewegung hinübergleitet.

Was ich hier schildere, ist jedoch nur der äußere Aspekt dieses Hexenlandes. Ich habe damit angefangen, weil er der erste ist, der einem auffällt.

Die provinziellen Paläste sind tot, aus den Häusern dringt kein Ton, in der Abenddämmerung legt sich auf alles ein silbriges Licht, das jedes Gewicht aufhebt, und aus den Türen weht ein säuerlicher Geruch von Fäulnis und Gärung. Die spanischen Häuser stehen auf inkaischen Mauern, die etwa anderthalb Meter aus dem Boden ragen, und sind aus großen, dunklen, ganz durchgemeißelten Steinblöcken gebaut, ohne Mörtel, aber mit solcher Genauigkeit an- und übereinandergefügt, daß es kaum möglich wäre, auch nur eine Rasierklinge dazwischenzuschieben. Die Spanier haben diese Bauten in abendländische Häuser verwandelt. Doch hie und da ahnt man die versunkene Welt. Da die Grundmauern schräg stehen wie der Ansatz einer Pyramide, entdeckt man noch die trapezförmigen Türen, und die Dicke dieser Mauern zeugt von einem fremdartigen Raumgefühl. Der darübergestülpte abendländische Bau wirkt zerbrechlich und kümmerlich.

Anscheinend haben die Spanier ganz bewußt eine innere Kontinuität zwischen den beiden Welten gewahrt. Nonnenklöster erheben sich über den Gebäuden, in denen Jungfrauen einst zu Priesterinnen oder künftigen Frauen der Inkakönige erzogen wurden. Im Mönchskloster von Santo Domingo stehen Barockräume neben den Inkaräumen, gefügt aus zwei Meter breiten, schrägen Mauern, wie bei einem babylonischen Tempel. Die ursprünglich vergoldeten Wände sind schwärzlich oxydiert. Man meint, sich in einem gepanzerten Gehäuse zu befinden, so gewaltig, so fest, so ausweglos sind die Abgrenzungen. Dergestalt leben der Sonnen- und der Sternentempel in dem teils barokken, teils renaissancehaften Klostergebäude von Santo Domingo weiter: eine noch nicht zerstörte, aber doch erstarrte Welt, hart, böse, wie ein Stahlsplitter in einem Stück faulenden Fleisches.

Die Verwirrung nimmt zu, sobald man merkt, daß viele inkaische Gebäude ihrerseits auf vor-inkaischen, zyklopischen Grundmauern stehen. Das Inkareich, das »Land der vier Ecken der Welt« (denn es reichte vom Äquator bis zum Feuerland, vom Atlantik bis zum Pazifik), dessen Hauptstadt Cuzco war (Cuzco heißt »Nabel«), bestand eigentlich nur vierhundert Jahre lang und schmiedete die vorangegangenen Kulturen für kurze Zeit zusammen. Von diesen Kulturen, ihrem Aufbau und ihrer Chronologie hat man kaum eine gültige Kenntnis; sogar die Natur scheint deren

Geheimnis hüten zu wollen. Durch die verschiedenen Erdbeben, besonders durch das vor drei Jahren, wurde alles durcheinandergeschüttelt. Die meisten Kirchen stehen halb aufgerissen da, überall liegt noch der Mörtel barocker Dekorationen herum, goldene Engelsflügel, Hände von Heiligen, eine vom Sockel gestürzte Muttergottes. Nur die unheimlichen Inka-Fundamente blieben unerschüttert stehen.

Ist es Abend, so stürzen die Bilder der gespenstigen Stadt mit der Eindringlichkeit eines wilden Traumes auf uns ein. Die Fratzen, denen man wieder begegnet, springen uns an und sausen vorbei wie Geister aus dem Urwald. Die vom letzten Erdbeben zerstörten spanischen Kirchen, die unangetasteten Mauern der Inkas, die Verteidigungssysteme von Suassakaman – von allem, was man erblickt, geht eine Bedrohung aus. Es ist, als versteinere die eigene Individualität, als überzöge dieser seltsame Lehmstaub – der die gelbe Farbe von Mumien hat, die Farbe brüchiger Knochen – alles Lebendige; er dringt förmlich in uns ein und macht die Gelenke erstarren. Man vermag nicht den Ort zu bestimmen, an dem man sich befindet: sinnlos wäre es, diese Welt etwa mit Hilfe der Kilometerzahl, die uns zum Beispiel von Lima trennt, festzulegen. Und wie soll man sie historisch definieren? Das ist ebenso unmöglich, denn diese Stadt, die inmitten kahler Berge auf drei- bis viertausend Meter Höhe verloren daliegt, wurzelt in den verschiedensten Kulturschichten, die immer tiefer in eine unüberschaubare Vergangenheit hinabführen.

Ich habe schon angedeutet, der Sinn all dieser Erlebnisse sei vielleicht gerade darin zu sehen, daß sie wie lose Blätter um einen herumflattern; bewegt man sich doch ständig in lauter einzelnen, zerbrochenen, nicht ineinander übergehenden Welten.

Verworrenheit? Aber wie kann man sich hier zurechtfinden, wenn neben dem Schaustück einer abgestorbenen bürgerlichen Welt, neben den spanischen und inkaischen Resten, nur wenige Kilometer entfernt, die Mauern von Suassakaman noch in der Erde liegen und dicht dabei die Ruinen des Sonnen- und des Sternentempels – Ruinen, gegen welche die Tempel von Kreta wie Kinderspielzeuge erscheinen? Niemand weiß mehr, was sie eigentlich waren. Man sagt: astronomische Warten, kultische Orte oder auch Verteidigungssysteme, vielleicht gar Paläste. Die schweigsamen Berge ringsum sind in ein geheimnisvolles silbrig-rosa Licht getaucht.

3. Die mythische Welt

Bei der Gründung ihrer Städte scheinen diese alten Kulturen sehr oft auch die Wahl des Ortes aus ganz anderen Motiven vorgenommen zu haben als unsere heutige abendländische Welt. Immer stehen die Städte inmitten einer gewaltigen Landschaft, in der Natur, wo Sterne und Mond als wirklich waltende Mächte herrschen. Nirgendwo wird das deutlicher als in Machu-Picchu, einerlei, ob dieser Platz eine Festung, eine kultische Stadt oder ein Zufluchtsort gewesen sein mag.

Von Cuzco fährt man mit einer Art Auto auf Schienen bis zu einer Höhe von 4200 Metern und gleitet dann langsam bis auf 2500 Meter durch eine sich ständig verwandelnde Landschaft hinab. Aus der Kahlheit der atemberaubenden Höhe – in der unvorstellbare Tönungen von Silbergrau, Violett und Altrosa vorherrschen – taucht man ins Grün der feuchten Schluchten ein, in ihre schon subtropische Vegetation. Man könnte meinen, daß die Kraftadern des Amazonenflusses sich bis hinauf in das Tal des Urubamba schlängeln. Die ersten Bananenbäume mit ihren riesigen Blättern tauchen auf. Hier sind die Baumschatten tiefer und feuchter, und nur der Fluß behält die gleiche Farbe: ein herrliches heiteres Blau, in dem noch die Kälte der Höhen mitfließt. Bevor man aus der Tiefe des Tals wieder steil hinauf nach Machu-Picchu steigt, fährt man lange durch die gewundene Schlucht, wobei sich überall neue Perspektiven in andere, unerwartete Täler eröffnen.

Man ist in eine einsame, schattenreiche Welt eingeschlossen, in die das Licht nur von oben einströmt und alle Richtungen, das Oben wie das Unten, miteinander verspannt. An die steilen Wände, die uns umringen, klammert sich dichte Vegetation. Hier und dort rauchen kleine Waldbrände. Dieser Rauch, im dunklen Schatten unsichtbar, ist in den hohen, hellen Lichtschächten plötzlich zu sehen, so daß auch dieses neue Spiel von Licht, Schatten und bläulichem Rauch all die Tönungen der Vegetation belebt und zu dramatischen Kontrasten macht. Überraschenderweise hat das Ganze aber eine gewisse Sanftheit, die ans Liebliche grenzt, als wolle der subtropische Dunst die Derbheit der Höhe lindern. Es könnte fast eine romantische Landschaft von Bergen, Flüssen, Schatten- und Lichterspiel vortäuschen. Doch es ist eine Landschaft, der jeglicher sentimentale Beigeschmack fehlt. Dieser Raum atmet nur die Ausgewogenheit einer in sich geschlossenen, unangetasteten Natur. Ganz ferne, hoch oben auf den Schneespitzen, ziehen Wolken vorüber, als wollten sie zeigen, daß dort die andere Welt der wehenden Lüfte waltet.

Unwillkürlich muß man an die Lehren der Inkas denken, die die Welt nicht wie wir in zwei Schichten: in eine obere und eine untere, teilten, sondern in drei: die obere der Berge, der Höhen, des Schnees, des überflutenden Lichtes; dann die Erdoberfläche, wo Pflanzen, Tiere und Menschen leben; und schließlich die unterirdische Welt, das Reich der Dunkelheit, in der die Keime und Kräfte für die Erde reifen.

Aus der Tiefe, in der diese dreifache Perspektive sich enthüllt und von der aufsteigend sich tatsächlich eine dreifach sichtbare, tastbare, riech- und hörbare Dimension von Raum und Zeit eröffnet, führt ein steiler Weg empor, und plötzlich überblickt man ganz unvermutet das großartigste Panorama. Von einem breiten Bergsattel aus sieht man Lichttrichter, Vorhänge von Schatten, den gewundenen Lauf des Urubamba, in verschiedensten Richtungen sich brechende Täler. Wir stehen an der Schwelle der natürlichen Tore, die dem Urwald den Weg versperren.

Der Bergsattel, auf dem wir uns befinden, scheint ein im Licht schwebendes Schiff, von den Wellen verschiedener Räume und Zeiten, der Höhen und Ebenen, der Gestirne und der Flora umspült. Auf dieser Hochebene, die in Terrassen ausgebaut wurde – vielleicht zu Gärten, vielleicht zu Äckern –, liegt eine Akropolis mit unberührten Tempeln und Häusern, in denen bis zur Mitte des 17. Jahrhunderts die letzten Inkas lebten. Dies ist die geheimnisvolle Stadt, welche die Spanier vergeblich suchten. Erst in den zwanziger Jahren wurden ihre Ruinen von dem Engländer Bingham entdeckt. Die zahllosen Hypothesen, was es mit dieser in so erhabener Unerreichbarkeit erbauten Stadt auf sich habe, lassen sämtlich unbefriedigt. Die einen meinen, hier sei eine Inkabefestigung als erster mächtiger Wall gegen die vom Urwald anbrandenden Invasionen errichtet worden; andere nehmen an, es handle sich um eine kultische Stätte. Wie dem auch sei: man spürt hier, daß der Mensch vor allem einen Ort gewählt hat, an dem er mit der Natur in Einklang stand. Die Sonne ist hier kein astronomischer Begriff, sondern eine Wirklichkeit, die das Gesetz des Lebens in seiner ewigen Wiederkehr bestimmt.

4. Der Mythos und das Ungeschichtliche

Wir deuteten an, daß in archaischen Welten die Geschichte plötzlich eine ganz andere Bedeutung gewinnt, als wir sie ihr zuzusprechen gewohnt sind. Während Geschichtlichkeit für uns der Schwerpunkt unseres Daseins wird, erhält sie dort einen anderen Sinn, auf den wir hinweisen müssen.

Das Problem des Mythos birgt ganz besondere Schwierigkeiten. Im allgemeinen pflegen wir den Mythos in seine philosophischen, historischen, kulturellen, soziologischen und ästhetischen Elemente aufzulösen, das heißt, wir analysieren Mythos unter verschiedenen Fragestellungen und versuchen auf diese Weise, Inhalt und Wesen vergangener Kulturen zu erschließen. Die Berechtigung solcher Deutungen und Analysen scheint zunächst unleugbar.

Wir bringen einige Beispiele solcher Deutungsversuche. In der humanistischen Tradition wird der Mythos als eine Darstellung angesehen, in der die großen, traditionsgebundenen Fabeln des griechischen und römischen Altertums eine literarische, symbolische oder ethische Gestaltung finden. Lange Zeit sah man im Mythos auch den Versuch, eine theoretische Wahrheit in poetischer Form zu gestalten, damit sie auch primitiven Gemütern zugänglich werde. Der Mythos wird also eine Form der Erkenntnis, jedoch von dichterischer, phantastischer Art. So erhält er – zumindest in den Augen der Philosophen – eine abschätzige Bewertung, denn er ist bedeutungslos, sobald der Intellekt seine eigenen Ausdrucksformen in Anwendung bringt. Schließlich kann sich die Beschäftigung mit den Mythen aus einem folkloristischen Interesse herleiten, was oft gerade dann der Fall ist, wenn die Mythen selbst im Schwinden sind. Man könnte fast sagen: das Zeitalter der Technik wird aus dem Bewußtsein heraus, daß seine Errungenschaften zum Teil am Schwinden der Fabeln schuld sind, unversehens von einer romantisch-sentimentalen Sehnsucht nach jener Welt überfallen, die es selbst zerstört hat. Doch all diese Deutungen werden dem Wesen des Mythos in keiner Weise gerecht.

Ein wesentliches Moment des Mythos besteht darin, daß er der gesamten Wirklichkeit einen einheitlichen Sinn verleiht und auf diese Weise den Menschen in eine Ordnung eingliedert. Das Kunstwerk hingegen erfaßt nicht die ganze Wirklichkeit, nicht die gesamte menschliche Welt, sondern nur einen *Ausschnitt,* einen bestimmten Aspekt, so daß der Künstler immer mehr in eine Art Isolierung eintritt und das Kunstwerk zum Objekt der Betrachtung für eine kleine Gruppe von Kennern wird.

Ferner ist es eine der höchsten Aufgaben des Mythos, die Ordnung der Welt zu schützen und zu festigen. Damit bekommt der Mythos den Charakter des Sakralen: er rettet den Menschen vor dem Werden und Vergehen, vor der Gefahr, sich in möglichen Welten zu verlieren, und verankert ihn in der ursprünglichen Wirklichkeit.

Wenn nun der Mythos und das Sakrale identisch sind, so daß sie sich auch gleichzeitig aufs innigste mit der Liturgie verbinden, dann eröffnet der Mythos den Menschen die *wahre* Zeit – die Zeit, die nicht dahinschwindet. Er hebt die Wirklichkeit des Zufälligen, des Alltäglichen, des Nicht-Verankerten auf. Es ist gewiß nicht bedeutungslos, in diesem Zusammenhang daran zu erinnern, daß die Griechen zwei Zeiten unterschieden: die ewige und die menschliche. Daher ist Mythos auch *nie Geschichte,* denn Geschichte entstammt der Bemühung, das aufzubewahren, was vergänglich, was nicht bleibend ist. Hier beginnt nun auch die von Vico vertretene Auffassung fragwürdig zu werden, wonach die menschliche Geschichte mit den Mythen entsteht. Der Mythos ist vielleicht Urquell der Geschichte, aber erst dann, wenn die mythische Welt zusammenbricht; denn unermeßliche Zeit hindurch kann er eine Form des ungeschichtlichen menschlichen Lebens sein, das allem Geschichtlichen weit vorausgeht. Dies scheint die moderne Philosophie vergessen zu haben, wenn sie das Wesen des Menschen allein im Geschichtlichen sehen will. Deshalb kann auch der Mythos nie verstanden werden, wenn wir uns bemühen, ihn nur als Kunstwerk anzusehen, und so versagen sehr oft drüben auf dem anderen Kontinent unsere Versuche, die Reste alter Kulturen allein von der Kunst her zu deuten.

Wenn es auch nur eine Randbemerkung sein soll, ist es hier doch zweckmäßig, den Mythos nicht nur in seinem wesentlich ungeschichtlichen Charakter hervorzuheben, sondern auch darauf hinzuweisen, weshalb er sich nicht in die Kategorien der Kunst einbauen läßt. Denn der Mythos unterscheidet sich dadurch von der Kunst, daß er zwischen Wirklichkeit und Unwirklichkeit keine Grenzen setzt. Die Phantasie – als wesentliches Moment der künstlerischen Schöpfung – besteht hingegen in der Fähigkeit, neben der Realität eine andere Wirklichkeit zu erschaffen. Deswegen ist Kunst – im Gegensatz zum Mythos – Ausdruck des Lebens eines Menschen oder einer Generation. Weil die alltägliche Wirklichkeit *neben* dem Kunstwerk weiterbestehen kann als die Welt, in der der Mensch sich orientieren muß, verzichtet die Welt der Kunst darauf, den Menschen zu orientieren: sie überläßt ihn der Phantasie so sehr, daß man vor einem Kunstwerk nicht mehr fragt, wie die Dinge sind, sondern wie der

Künstler sie gestaltet. Kunst öffnet den Zugang zu »möglichen« Welten, die, gerade weil sie nur »möglich« sind, unwirklich erscheinen.

Die surrealistische Kunst, die sich immer mehr von der Wirklichkeit absetzt, die von ihr abstrahiert und zur Darstellung symbolischer Motive zurückkehrt, gesteht indirekt ihren mythischen Ursprung ein; da aber diese symbolischen Motive faktisch heute keinen orientierenden Sinn mehr haben, offenbaren sie auch ihre Ohnmacht. In der Tat orientieren die Zeichen der Kunst den Menschen nicht mehr in der Wirklichkeit, sie sind unfähig, ihn zu den Ursprüngen der menschlichen Existenz zurückzuführen, sie sind Überbleibsel eines Schiffbruchs, der den Menschen in der tiefsten Einsamkeit zurückläßt.

Hieraus können wir auch die platonische Verurteilung der Kunst verstehen, welche entstand, als Geschichte und Kunst die mythische Welt ablösten. Auch die griechische Welt war ursprünglich eine mythische. Aus jener mythischen Wirklichkeit löste sich allmählich die Darstellung einer Realität ab, die *nicht* mehr die Ganzheit des Menschen betraf und dadurch zum »Schau«-stück herabsinken konnte. Die Zeichen und Darstellungen waren nicht mehr Symbole dessen, was den Menschen vor der Zeitlichkeit rettet; sie wurden Vor-stellungs-werke, Dramen, Gedichte usw. Man konnte aus ihnen heraustreten, um sie von außen zu betrachten, und man konnte sich ihnen somit entziehen. Indem Plato die Gefahr und das Verführerische dieser »möglichen« Welten erkannte (der Welten, die sich von dem trennen, was den Menschen als Ganzes angeht), sah er zugleich die Gefahr der Kunst – und verurteilte sie. Und da er sich gleichzeitig der Notwendigkeit bewußt war, den Menschen im Ganzen zu orientieren, glaubte er, die Welt der Mythen durch die der Philosophie und nicht durch die der Kunst fortsetzen zu müssen. Er wandte sich daher der philosophischen Deutung antiker Mythen zu, die schon zu Fabeln herabgesunken waren. Er erkannte ihren Wert ebenso wie ihren Unterschied zur Kunst.

V

Die apokalyptische Welt und die Objektivität

1. Die Erweiterung unseres Wirklichkeitsbildes

Wir haben im vorangehenden wiederholt darauf hingewiesen, daß wir in einer Zeit leben, in der wir uns gezwungen sehen, die Kategorien, auf Grund deren wir uns bisher orientiert haben, zu revidieren. Wir sprachen von der Verabschiedung einer alten Ordnung, die sich anscheinend nicht mehr bewährt, und vom Durchbruch zu einer neuen Ordnung.

Es fragt sich nun: Können wir jetzt schon das umreißen, was wir zu verabschieden im Begriffe sind? Wir haben bereits gezeigt, daß im Zustand des Abbruchs und der Weltlosigkeit das wirklich Neue im voraus nicht rational abgeleitet werden kann: wir fühlen uns nicht berechtigt, das Bild einer zukünftigen Ordnung zu entwerfen. Aber wir können einiges von dem andeuten, was uns verlassen hat oder was wir verlassen haben, so daß wir gezwungen sind, uns neu zu orientieren. Es sind nicht nur gewohnte Häuser, Städte, Landschaften, ist nicht nur der Umgang mit gewohnten Menschen, ein gewohnter Lebensstandard, was wir aufgeben müssen. Es sind viel mehr noch die Vorstellungen von der Wirklichkeit – in der Form, wie wir sie uns in unserem Lehr- und Erziehungsgang angeeignet haben.

Dazu ist folgendes zu sagen: Die moderne Auffassung der Natur und des Menschen entstand im Zeitalter des Humanismus und der Renaissance. Die Natur wurde – trotz mancher Ausnahmen – als eine empirische, gegenstandhafte und materialistisch bestimmte Realität aufgefaßt. Sie identifizierte sich mit dem, was die Sinne uns vermitteln, und ihr Wesen bestand aus einer ins Grenzenlose gehenden Meßbarkeit und Zählbarkeit. Neben dieser materiellen, greifbaren, an sich seienden Natur bestand der Mensch mit seinen Problemen, mit seinen Aufgaben. Ein naturwissenschaftlicher und gleichzeitig religiöser *Glaube* hatte ihn in diese natürliche Welt so eingeordnet, daß der Mensch mehr oder weniger immer das Gefühl gehabt hat, den Gipfel in der Hierarchie der Natur zu bilden. Das gab ihm eine besondere Sicherheit und verlieh gleichzeitig seiner Geschichte Bedeutung. Noch im deutschen Idealismus waren Geist und menschliche Geschichte die obersten Stufen einer Dialektik, in der sämtliche Vorstufen aufgehoben wurden.

Der Mensch, mit dem sich die Humanisten abgaben (sie schufen eine Konzeption, von der wir bis heute leben), war andererseits ein begrenzter Ausschnitt dessen, was er im ganzen ist. Es war erstens der Mann – und auch nur die Zeit seines Lebens, die unter dem Banne der *Ratio* stand. Das Kind und die Jugend und der Primitive galten nur als Vorstufen: unentwickelte, larvenartige Phasen, die erst in Hinblick auf den Verstand und dessen Möglichkeiten Berechtigung erhielten. Selbst für jene, denen Phantasie und Leidenschaften noch etwas galten, war doch eigentlich der Erwachsene mit seiner Welt, mit seiner Erfahrung und seiner Wahrheit dasjenige, worum es eigentlich ging.

Es scheint mir nun das entscheidende Ereignis unserer Zeit zu sein, daß wir allmählich zu entdecken beginnen, inwiefern das vom Humanismus entworfene Menschenbild und damit auch das Bild der Natur, in dem wir aufgewachsen sind, eine folgenschwere *Begrenzung* bedeutet.

Das Neue, vor dem wir vielfach noch so hilflos stehen, hängt wesentlich mit der Erkenntnis zusammen, daß man zum Beispiel das Bild des Menschen nicht auf einen bestimmten Abschnitt seines Lebens beschränken kann, sondern daß bereits das Kind mit seiner ganz andersartigen Wirklichkeit und Wahrheit schon eine ganze, in sich abgeschlossene Welt darstellt. Dazu kommt die weitere Einsicht, daß der alle Bereiche unseres Denkens und Beurteilens durchsetzende Glaube an den »Fortschritt« in seiner primitiven Fassung unberechtigt ist: die Einsicht, daß die Welt der Natur, der Tiere wahrscheinlich vollkommener ist als die des rational bewußten Menschen.

Allmählich tritt noch eine andere Wendung in unserer Auffassung von der Natur auf: wir erkennen mehr und mehr, daß die Naturwissenschaft durchaus nicht das Ganze der Natur erfaßt, sondern nur, was der Naturwissenschaftler innerhalb der von ihm selbst entworfenen Grenzen in Form des Experimentes befragt. Selbst die Objektivität, auf welche die Naturwissenschaft so stolz ist, erweist sich nur innerhalb des Rahmens der (vom Naturwissenschaftler) vorentworfenen Prinzipien und Maßstäbe als gültig. Wenn wir nun auf anderen Kontinenten die erstaunliche Treffsicherheit des instinktiven Verhaltens von primitiven Völkern erleben, erkennen wir, daß jenes Verhalten eine ebenso sichere, wenn nicht sogar noch verläßlichere Orientierung innerhalb der Wirklichkeit vermittelt, obwohl es weder von Messungen noch von Zahlen ausgeht.

Aber es kommt noch etwas hinzu: Die Natur erkennen wir ursprünglich durch unsere Sinne, welche unsere Organe zum Erfassen der Wirklichkeit sind. Die Sinne selbst sind aber wiederum nur Werkzeuge des Lebens; denn nur in Hinblick auf dessen Verwirklichung erhalten sie ihren Sinn. Hieraus ergibt sich einerseits die Feststellung, daß wir die Natur nur so erkennen, wie sie sich uns durch die Sinne offenbart, und andererseits, daß *unser menschliches Leben nur eine Stufe des Lebens unter unendlich vielen anderen ver-*

wirklicht, so daß die verschiedenen Weltoffenbarungen, die sich auf verschiedenen Stufen zeigen, *alle ihre eigene Objektivität haben.*

So gelangen wir allmählich zu der Möglichkeit, von *drei Aspekten der Natur* zu sprechen.

Erstens: Die Natur als das Unerschöpfliche, das wir in seinem An-sich-Sein nie erreichen können; denn wir begegnen ihr nur in Ausschnitten, die wir selbst durch unsere Fragestellungen und Entwürfe schaffen. Trotzdem müssen wir diese Natur über uns anerkennen, denn es hängt in keiner Weise von unseren Entwürfen ab, *was* sie uns zeigt.

Zweitens: Die Natur, wie sie in verschiedenen Lebensstufen verschieden erscheint, jeweils mit einer den einzelnen Gebieten entsprechenden Objektivität. Jede Stufe des Lebens entwickelt eine eigene Ordnung, in der die Natur sich offenbart, und damit hat jede Lebensstufe eine *eigene Welt.*

Drittens: Wir finden eine Natur, wie sie nicht nur auf Grund der menschlichen Sinne, sondern auf Grund der menschlichen *wissenschaftlichen Entwürfe* erscheint. Diese naturwissenschaftliche Wirklichkeit ist grundsätzlich verschieden von dem, was die Sinne in relativer und veränderter Weise offenbaren.

Durch das Verhältnis zu den verschiedenen Aspekten und Stufen der Natur verschiebt sich das Schwergewicht der Wirklichkeit immer mehr vom Menschen zu den unendlich vielen Welten, in denen Natur sich bekunden kann. Durch diese Verschiebung unserer anthropozentrischen und rationalistischen Auffassung erweist sich auch die abendländische Geschichte und deren Welt als nur *eine* unter vielen Formen menschlicher Verwirklichung; und dadurch gelangen wir wiederum zu einer ganz neuen Erlebnismöglichkeit und finden gleichzeitig ganz neue Ausgangspunkte für unsere Fragen nach fremden Kulturen. So sieht sich der heutige Mensch aus der spirituellen Hierarchie, in welcher er über der »überwundenen« und »geknechteten« Natur sein Reich errichtet hat, plötzlich herausgerissen und vom Strom anderer Möglichkeiten und Zeiten davongetragen. Um nur ein Beispiel zu nennen: In Europa betrachten wir die Stätten der Geschichte und sagen, die Griechen, die Römer, die Menschen des Mittelalters – das sind wir, in ihnen erkennen wir uns oder Teile unseres Eigenen wieder. Aber die Inkas, die Mayas, die Menschen, die mit den Götzen, mit Dämonen des Urwalds, mit den Geistern der Berge und den Mächten der Natur umgingen – sind wir das auch? Zu zeigen, daß hier Möglichkeiten des Menschen liegen: das ist, glaube ich, eine Aufgabe, vor der wir stehen. Dann begreift man aber auch das Entsetzen, das einen vor dieser Aufgabe befällt. Wir sehen uns einem neuen Menschenbild gegenüber, einer neuen Auffassung des Menschen im Kosmos. Ein solcher Wandel in unserer Auffassung hat zur Folge, daß wir bei der Begegnung mit der Wirklichkeit, wie wir sie zum Beispiel in der Konfrontation mit dem südamerikanischen Raum antreffen, zu neuen Erfahrungs- und Erlebnismöglichkeiten gelangen. Wir müssen in den Urwald gehen und dort den Mächten ihre Sprache und ihr System ablauschen, mit denen wir dann die Welt, aus der wir kommen und die den Glanz ihrer Bedeutsamkeit verloren hat, neu interpretieren. Ich glaube, daß wir dieses »Andere« bestehen müssen. Vielleicht, daß wir uns dadurch etwas von unserer fragwürdig gewordenen Welt retten, vielleicht, daß wir dabei zugrunde gehen; aber ich glaube, daß wir keine andere Wahl haben, als ein unbekanntes Ufer anzusteuern – oder samt dem Floß, auf dem wir sitzen, unterzugehen.

2. Die apokalyptische Natur

Wir sind mitten in Chile. Es ist ein strahlender Herbsttag, und wir kehren heim von einem Ritt. Die Landschaft erinnert in ihrem Charakter merkwürdigerweise an die Lombardei, doch die Ausmaße sind anders. Wir wandeln durch ein weites Tal, das von Reben und Pappelalleen durchzogen ist. In der Ferne die Hügel und dahinter die Anden, mit Schnee bedeckt. Man könnte sich vorstellen, daß es zu Füßen des Apennin am Ende des Römischen Reiches, vor den Invasionen, ähnlich ausgesehen haben mag. Die weite Einsamkeit, in der man sich verliert, ist hie und da von großen »Fundos« mit Höfen und Viehherden unterbrochen. Einsamkeit breitet sich über die ganze Landschaft. Große Wasserlachen spiegeln den Himmel und setzen geheimnisvolle Zäsuren in das Schweigen der Felder. Ich sage: geheimnisvoll, denn in diesen Ausdehnungen zeigt sich weder ein Anfang noch ein Ende. Die Orientierung hat keinerlei Anhaltspunkt, weil alles oder nichts als ein solcher genommen werden könnte.

Man reitet stundenlang, doch das Vorwärtskommen ist reine Täuschung, denn faktisch nähert man sich weder einem Ort, noch entfernt man sich von ihm. Man glaubt, sich in einer Traumlandschaft zu bewegen: Stehen und Gehen lösen sich auf im Widerspruch der Unwirklichkeit. Entfernungen werden zu Geruchs-, Farb- oder Tonveränderungen, die sich gegeneinander abstufen, gleichsam wie in verschiedenen Wasserschichten, in denen die Temperatur jeweils eine andere ist: unfaßbare Unterschiede, Grenzen des Schweigens, die man überschreitet, auch wenn der Blick sie nicht wahrnimmt. Im Entzücken über das Spiel des Lichtes, der Farben und der Töne scheinen wir an die Schwelle von Welten, von Ordnungen und Orientierungen zu gelangen, die wir aufdecken könnten; aber sogleich entziehen sie sich uns wieder und zerplatzen wie schimmernde Seifenblasen, verloren im All.

Man kommt an niederen, von Ziegeln geschützten Mauern vorbei, die eine Liegenschaft umgrenzen. Sie ähneln denen, die man in der Lombardei antrifft und die wahrscheinlich spanischen Ursprungs sind. Hinter ihnen stehen alte Bäume, um die dunkler Schatten fließt. Da meint man, sich freuen zu dürfen, da gibt es Menschen, ein Haus, etwas, wonach man sich richten kann. Doch man wird enttäuscht. Der Landsitz ist tot, ein von der Natur überwuchertes Menschenwerk, ein von Wellen umspültes Wrack.

So sucht man nach anderen Dingen, an denen man sich orientieren könnte. Man entdeckt die Jahreszeiten, ihr absolutes Walten. Aber im Hinblick auf was sollten sie einen Unterschied, einen Einschnitt bedeuten? Auf diesem Kontinent bleiben die Jahreszeiten doch nur eine in sich verschlossene Wirklichkeit: auch bei der Kreisbewegung eines Rades wäre die Festsetzung irgendeines Ausgangspunktes als Anfang oder Ende nur ein willkürlicher Akt.

Man reitet weiter und trifft eine Gruppe Indios, schweigsam, tragisch in ihren Lumpen, in der Natur verloren; sie gleicht einer Handvoll trockener Blätter, die ein leiser Wind herantreibt. Ihre stumme Traurigkeit mag davon herrühren, daß die Spanier ihre Welt so erbarmungslos und ohne Übergangsmöglichkeit zu einer neuen zerschlagen haben, oder vielleicht davon, daß diese Natur keine Worte duldet noch eine Sinngebung zuläßt, daß sie keinen Dialog – in dem man sich zu behaupten vermöchte – entstehen läßt.

Da wird man gewahr, daß jene leuchtenden, die

Sonne widerspiegelnden Wasserlachen, die sich an den Rebstöcken entlang ausbreiten, nur die Zäsur unserer Schwermut sind, einziger Orientierungspunkt einer Stimmung, in der die gewesenen Jahreszeiten wie auch die kommenden sich in einem Abgrund verlieren.

All dies kann man in unserer Welt, in der Toscana etwa oder in der Lombardei, nicht erfahren, so sehr ist dort alles vermenschlicht, denn jeder Zoll Erde gemahnt an die Werke des Menschen. Dort bringt uns das Schreiten durch die Landschaft schon auf kurzen Entfernungen von einer menschlichen Schöpfung zur anderen. Aber vielleicht eben deshalb, weil wir nicht mehr in der Urnatur leben, hat auch unsere Sprache in Europa keine Kraft mehr, Welten zu eröffnen; wir kennen nicht mehr ihre beschwörende Kraft. So erleiden wir in einer mit Geschichte überladenen Welt den Verlust jeder Ursprünglichkeit. Auf dem neuen Kontinent erlebt man hingegen die Gefahr des Wahnsinns, denn es ist keine Orientierungs-Achse vorhanden, und man stürzt in den Abgrund der unendlichen Möglichkeiten.

Ich komme immer wieder auf das Phänomen der Natur zu sprechen, weil ich überzeugt bin, daß sie der große, uns unbekannte Hintergrund ist, der all die Phänomene, von denen ich spreche, ermöglicht. Sogar ein Erdbeben ist hier nichts Außerordentliches und tritt als etwas Großartiges, uns Unbekanntes auf. Wenn das ferne, tiefe Rollen sich meldet, erkennt man die Ausmaße der Erscheinung als so gewaltig, daß einem die Worte des Pseudo-Longin wieder einfallen, wenn er einen Vers aus Homer deutet: »Kaum setzten die tellurischen Pferde zum Sprung an, da haben sie auch schon die ganze Erde erfaßt«. Solche Phänomene erzeugen einen panisch-euphorischen Zustand, man erlebt eine seltene, kosmische Realität. Es sind tönende Wellen, die von weither kommen, Brandungen einer Bewegung, welche die Standhaftigkeit der Erde in ein fast tierisches Zucken verwandelt. Die Erfahrung einer solchen kosmischen Realität führt zum Verständnis des tragischen Akts des Empedokles. So steht schließlich die Natur nicht mehr als ein Gegenstand vor uns, den man bezwingen muß und kann, sondern nur als Gegenstand eines »theorein«, einer Schau.

Einmal befand ich mich an der Küste des Pazifischen Ozeans. Ein trüber Tag ging zur Neige, der Himmel hing voll von sich nähernden Gewittern, am Boden schlich feuchter Nebel. Das Meer lag taub, unnahbar, war in seiner fahlen Beleuchtung weder fern noch nahe. Ein schreckliches Meer, hart wie eine Stahlplatte, bösartig. Die verlassene Küste schien in einen Abgrund zu bröckeln, in den das Auge zu schauen sich weigerte. Die kleinen Böschungen waren dunkle Flekken, wo das Eis zu schmelzen begann, und die Fläche des Meeres zerbrach: ein tückischer Zauberer, bereit, uns in die Irre zu führen und in den Abgrund zu reißen. Am Horizont schickte die Sonne sich an, hinter Regenvorhängen und niederen Wolken unterzugehen.

Mühsam schob ich mich eine Felswand empor; eigentlich sind es keine Felsen, sondern glatte Steinflächen, auf denen der Fuß jeden Spalt als Haltepunkt zu nutzen sucht. Wie ein Insekt auf dem Bauche eines verwesenden Tieres schleppt sich der Mensch über diese glatten, glitzernden, feuchten Flächen. Stille breitet sich aus: kein Schweigen, sondern ein unbeweglicher Laut. Je höher man sich hinaufbegibt, desto deutlicher merkt man, daß dieses Gestein seltsame Zeichen trägt, wie Hieroglyphen, bis man ganz oben auf freistehende Blöcke stößt – die sich wie Bildsäulen von Moore oder Arp ausnehmen.

Also schafft die Natur doch menschliche Kunstwerke? Die Worte des Aristoteles fallen uns ein, wenn er behauptet, daß zwar die technisch-poietischen Werke herausgeschnitten aus den menschlichen Handlungen dastehen können, nicht so aber die ethischen Werke. An jener Küste trifft man die Werke an, die wir in der modernen Kunst suchen, wie versteinerte Träume, wie Reste einer antiklassischen Walpurgisnacht: eine romantische hätte nicht die Kraft, dies auszudrücken.

Auf der Höhe angelangt, verschwindet plötzlich das Meer, man ist wie zwischen die Wände einer Schatzkammer eingesperrt, einer Stahlkammer im Gestein, aus der – beim hereinbrechenden Dunkel – Fratzen von inkaischen Göttern spuken. Die Abgründe, die sich in diesen Flächen auftun, wirken wie Eingeweide eines vorsintflutlichen Tieres. Erneut erfährt man, daß das logische Wort hier sinnlos ist. Die Küste verdunkelt sich allmählich wie eine immer tiefer einschneidende Furche. Kein Baum, kein Strauch: die Vegetation würde schon selbständige, organisch gewachsene Formen liefern, und man könnte ein »Unten«, ein »Oben«, eine »Mitte« ansetzen. Aber so? Auf Grund wessen vermöchte man hier etwas zu unterscheiden? Sollen wir vielleicht das »Unten« dadurch kennzeichnen, daß es uns anzieht, und das »Oben« dadurch, daß es uns Mühe abfordert? Soll dies aber vielleicht bedeuten, daß eine Orientierung einfach auf die Leichtigkeit oder Mühe unserer Bewegungen zu beziehen ist? Dies wäre doch ein Einbruch des Wahnsinns. Nein, es ist der Ansatz einer Wirklichkeit, die wir in Europa vergessen haben, die sich aber hinter unseren europäischen Weltentwürfen verbirgt wie ein verbotenes Land hinter Mauern, die unsere Realität abstecken und eingrenzen. Es ist die Urwirklichkeit, aus der wir Flächen, Farben herausgeschnitten haben, um in unseren Raumentwürfen kurz aufzuatmen, auszuruhen. Diese Vorkehrung hat jedoch hier keinen Sinn.

Es bliebe die Flucht; aber setzt nicht auch sie eine Richtung voraus und hatten wir nicht eben erfahren, daß es eigentlich keine Richtung gibt? Schon ist man gefangen und unbeweglich. Hier eben liegt eine andere Möglichkeit des Daseins, ohne Kontinuität, ohne Zugang zum logischen Wort, menschliches Dasein, für das die Ordnung der Natur zum Gespenst der Gleichgültigkeit schlechthin wird. Wendet man sich dann zu den europäischen Erinnerungen zurück, so scheinen sie wie eine magische Beschwörung.

Der ständige Hinweis auf die Natur sollte über die Bedeutung der psychologischen Erfahrungen des Europäers hinausgreifen, denn diese Natur ist ein Phänomen, dessen man sich bewußt werden muß. Faktisch kennen wir sie nicht, haben wir sie doch in Europa längst in unsere Ziele und Absichten eingewoben. Hier waltet sie in ihrer Andersartigkeit unaufhaltsam. Man braucht sie nicht einmal zu sehen; auch im Schweigen des Zimmers, in der Dunkelheit der Nacht fühlt man sie gegenwärtig: draußen vor der Tür liegend wie ein atmendes Ungeheuer, das gar keine Eile hat, weil es weiß, daß wir ihm nicht entgehen. Morgens schon, bevor man die Augen öffnet, spürt man ihre Anwesenheit wie eine Krankheit, die an einem zehrt: das Bewußtsein – der Übergang vom Schlaf zum Wachen – wird synonym mit der Erfahrung einer schleichenden Krankheit. Ich frage mich, ob auch der Mittelmeermensch etwas Ähnliches zu Beginn unserer Zivilisation erfahren hat. Die olympischen Götter haben sich doch an Stelle der ursprünglichen, entsetzlichen chthonischen Götter durchgesetzt.

Noch ein letztes Bild möchte ich vermitteln. Nach Wochen strömenden Regens eine gespenstige Morgenröte wie in Bildern von Dali. Man stelle sich einen kristallinischen, leuchtenden Himmel vor, der die noch unsichtbare Sonne ankündigt. Zum ersten Mal sah ich da den Äther, von dem die Griechen sprachen, die unersetzlich kostbare Substanz, in der die Welten schweben, leuchtende Körper in siderischen Entfernungen. Die Schilderung im »Somnium Scipionis« kam mir in den Sinn. Die Sterne, der noch leuchtende Mond schienen Gegenstände, die, eine seltsame Phosphoreszenz verbreitend, in ein eisartiges Wasser gefallen waren. Der Himmel eine durchsichtige Scheibe, die, ich weiß nicht wie, schrill zu vibrieren schien, gerade noch an der Grenze der Hörbarkeit. Im allgemeinen nennen wir »wirklich«: Häuser, Flüsse, Hügel. Hier wurde alles verschoben, das heißt, »wirklich« war der Himmel, materiell, sichtbar als das rein Leuchtende. Das Licht als schrill tönend zu bezeichnen, scheint ein widersprüchlicher Ausdruck. Aristoteles spricht aber von der »ousia phtharte«, der zersetzbaren Substanz, und von der »ousia aídios«, der (wie wir zu übersetzen pflegen) ewigen Substanz. Aídios heißt aber wörtlich: das, was keinem eigen ist: aídios. Es ist das, woraus der Mensch noch nicht seine eigenen Welten herausgeschnitten hat, und somit das, worin keine Zeit existiert; denn es hätte keinen Sinn, von einem Vor- und einem Nachher zu sprechen, wenn unser Leben nicht Anhaltspunkte in das Ursprüngliche gesetzt hätte.

Unter dieser Wirklichkeit hier erstrecken sich – tot, flach, in Schweigen gehüllt – der tierische und der vegetative Kreis. Die Vögel waren noch nicht erwacht, und das graue Tal der düsteren Träume – wie Polizian es nennt – erstickte im Licht, das sich wie ein leuchtender Nebel über alles ergoß. Unsere Welt schien ein Fragment der Unendlichkeit, das in einem Fluß auf-

und niedertaucht, eine abgeschnittene Blume, von einem reißenden Gewässer weggerafft. Das Licht des Himmels läßt den Schnee auf den Gipfeln noch nicht erglänzen, er ist noch von der nächtlichen Decke umhüllt. Die kosmische Realität löst die Täler, die Schlünde, die Hochebene auf und vernichtet die Entfernungen. Allmählich wächst eine Spannung, die nicht aus den Dingen stammt, sondern der kosmischen Wirklichkeit entströmt: Widerhall einer anderen, unfaßbaren Wirklichkeit. Wo kann man sich noch verkriechen, damit die sichtbaren und unsichtbaren Strahlen der oberen Welt einen verschonen?

Und allmählich tritt auf die Weltenbühne der Tag. Die Kulissen werden von unsichtbarer Hand verschoben: eine idyllische Landschaft enthüllt sich, aber man weiß, daß unter ihr die vergangene schreckliche Nacht und die Morgenröte sich verbergen. Das Licht hat sich ausgebreitet, erfüllt jeden hohlen Raum, spiegelt sich in den Gegenständen – und alles scheint die Wirklichkeit, die hinter diesen Erscheinungen steckt, vergessen zu haben. Die Kühe liegen reglos auf den Wiesen wie polierte Onyxe. Junge Pappeln, dunkel am Ansatz des Stammes, brennend an der Spitze des zarten Laubes, stehen wie schlanke, doppelzüngige Fackeln. Die Kulissen der Hügel scheinen zum Stillstand gebrachte Wellen, und das Leben schlängelt sich wie ein warmer Hauch überall dazwischen.

3. Die Fragwürdigkeit der naturwissenschaftlichen Objektivität

Wir hatten schon mehrfach Gelegenheit, daran zu erinnern, wie die Natur dem Europäer vorwiegend als ein Moment der menschlichen Existenz und Verwirklichung erscheint. Wie sollte es auch anders sein? Von Natur können wir ja nur sprechen, insofern sie sich unseren Sinnen durch unsere Erfahrung offenbart – und durch unsere Versuche, sie zu beherrschen. Demnach tritt sie als ein Moment unseres In-der-Welt-Seins auf. Wir werden gleich sehen, was diese Definition bedeutet.

Wir haben von der Verwirrung gesprochen, die uns ergreift, wenn wir fremde Zeiten und Räume erfahren, die wir mit unseren Zeit- und Raummaßstäben nicht einzufangen vermögen. Was bedeutet es überhaupt, in den Weiten einer ahistorischen Natur einen menschlichen Raum zu entwerfen, ihn gleichsam in die Unendlichkeit hineinzuschieben? Beim Entstehen dieses menschlichen Werkes spielt das Entsetzen, das die Erfahrung des ahistorischen Raumes in uns bewirkt, eine entscheidende Rolle, um so mehr, als wir es im Abendlande ganz vergessen haben.

Der Ausdruck »Entsetzen« wird hier nicht allein negativ verstanden. Ursprünglich bedeutet er »Entrücken«, so daß nicht nur das Erschrecken damit gemeint ist, sondern zugleich auch dies: uns in eine neue Wirklichkeit versetzen; das heißt hier, daß es zum Entwurf des menschlichen Raumes führen kann.

Worin besteht das Wesen eines menschlichen Raumes, und gegen was hebt er sich ab? Welches sind die ursprünglichen Erfahrungen, die bei einem solchen Entwurf Pate stehen? Um auf diese Fragen zu antworten, müssen wir – wenn auch kurz – theoretische Erwägungen streifen. Thure von Uexküll hat in einer seiner neueren Arbeiten gezeigt, in welchem Sinne wir schon bei den Tieren von einer Erfahrung des Raumes und der Zeit sprechen können. Jeder Sinn – der Tastsinn, der Hörsinn und so fort – unterliegt seinen eigenen Unterscheidungsgrenzen. Nehmen wir ein Beispiel: beim Tastsinn kann man feststellen, daß sehr nahe beisammen liegende Nadelstiche voneinander nicht mehr unterschieden werden können. Das heißt: erst von einer bestimmten Grenze an kann der Sinn zwei Punkte auseinanderhalten. Es gibt also kleinste Elemente der Raumempfindung (Webersches Gesetz); solche Elemente allein genügen aber nicht, um daraus einen Raum aufzubauen. Erst wenn einem dieser Elemente eine bestimmte Bedeutung als Reiz zukommt, der zu fliehen oder zu suchen ist, entsteht eine räumliche Orientierung: ein »Dort«, dem sich andere Elemente als »Hier« zuordnen. Das Tier baut seinen Raum auf Grund solcher einzelner Bausteine des »Hier« und »Dort« auf, in denen es zu etwas drängt, das es benötigt, das zwar für den Tastsinn gegenwärtig, aber in seiner Lebensbedeutung als Beute oder Nahrung noch nicht angeeignet worden ist. Dieser Aufbau des biologischen Raumes geschieht nicht durch ein abstraktes Unterscheiden von verschiedenen Punkten im Nebeneinander, sondern auf Grund eines Triebes. Dieser ist es, der die einzelnen Lebewesen zu etwas hin oder von etwas fort bewegt und sie dadurch zu ihrem Raumentwurf leitet.

Die Griechen nannten das Leben Entelechie, denn erst aus dem, was das Leben braucht, ergibt sich die Möglichkeit, daß etwas als Reiz erscheinen kann. Entelechie ist also das, was in sich Ziel und Grenze aufweist, bzw. das, worauf alles bezogen und somit bewertet werden kann. Erst im Hinblick auf diese ihm eigene Form des Lebens kann das Tier Erfahrungen positiver oder negativer Art machen. Daher behaupteten die Lateiner mit Cicero, daß die Erfahrung von etwas als lust- oder schmerzvoll nur auf Grund eines ursprünglichen »sensus sui« vollzogen werden kann, das heißt auf Grund eines Sinnes, in dem die Mannigfaltigkeit der Erscheinungen eine Bedeutung erhält. Demnach leben die Tiere in einer festgefügten Welt, deren Raum in ihrem ursprünglichen Trieb verankert ist.

Der Mensch sprengt diesen biologischen Raum, er gelangt zur Erfahrung einer Orientierungslosigkeit, die es im Leben der Tiere nicht gibt, und damit zur Notwendigkeit, Räume auf Grund von Maßstäben zu entwerfen.

Die Fähigkeit, welche beim Menschen die Geschlossenheit der biologisch-sensitiven Sphäre sprengt, nannten die Griechen »logos«. Wir übersetzen diesen Terminus mit »Vernunft« oder »Ratio«, verdecken aber damit seine ursprüngliche Bedeutung. Logos kommt von »legein« und bedeutet wählen bzw. sammeln, zusammenfügen. Die Fähigkeit, Wahrnehmungen und Leidenschaften in Hinblick auf die verschiedensten Ausgangspunkte zu gruppieren – und damit auch neue Welten entstehen zu lassen –, ist *die* Gabe des Menschen. Der ihm zukommende Raum wird nicht mehr auf Grund des Hier und Dort abgesteckt (also nicht entsprechend seinen biologisch-sensitiven Trieben), sondern in Hinblick auf einen logischen, technischen oder phantastischen Sinn des Hier und des Dort. Der Mensch schiebt also in die Natur der Sinne diese ihm eigene Welt hinein, er orientiert sich an Hand ihm eigener Maßstäbe und gelangt so zum Entwurf einer neuen Objektivität.

Schon das sensitive Leben bringt durch die Sinne einen neuen Kosmos von Farben, Tönen, Gerüchen zum Vorschein, völlig unterschieden von der einfältigen Welt des Vegetativen, die ausschließlich aus der Beziehung zwischen Reiz und Reaktion besteht. Ebenso wie das Sensitive die Einheit des Vegetativen sprengt und daraus eine neue Einheit aufbaut, so sprengt wiederum das Logische die Einheit der sensitiven Welt und löst ihre festgefügte Ordnung von Trieben auf; denn das Logische weckt eine andersartige Aufmerksamkeit als die der Triebe für das, was den Menschen in der Welt der Sinne angeht. Der Mensch erfährt dabei schlechthin ein Neues; sobald er aus der Sinnenwelt herausgerissen wird, verfällt er nicht der Gleichgültigkeit, sondern wird von anderen Leidenschaften erfaßt, die das Sinnliche in ihren Dienst nehmen. Dieses Neue zerstört im Menschen den scheinbar festgefügten Raum der Sinnenwelt, es läßt ihn nicht mehr los, es greift ihn unablässig an und zeigt ihm in der ständigen Erfahrung des menschlichen Gelingens oder Versagens seine Macht.

Inhalt der Geschichte wird so das Gelingen oder Versagen des eigenen Menschentums, denn es hängt nur vom einzelnen ab, ob das Menschliche verwirklicht wird oder nicht. Jetzt erfährt der Mensch die Welt der Sinne als ein Unheimliches, als maßlos; denn sie kann ihm keine Orientierung mehr sichern. Dieses Erlebnis, inmitten der Natur orientierungslos zu sein, zwingt den Menschen, Maßstäbe zu schaffen, mit deren Hilfe er an Stelle der verlorenen Einheit der Sinnenwelt eine andere Einheit im Hinblick auf das Neue, das ihn an-geht, errichten muß. Daher kann der ahistorische Raum der Natur im Europäer ein verwirrendes Entsetzen wecken. Man stürzt plötzlich ins Maßlose, wenn der Zwang der Leidenschaften erst einmal durchbrochen ist und die Gegenstände nicht mehr als zielgemäße Momente der Triebe hervortreten. Dieses Maßlose soll und darf nicht als ein Grenzenloses, ins Unendliche sich Ausdehnendes aufgefaßt werden, sondern als etwas, das kein Maß in sich selbst aufweist; das sich deswegen, je nach dem Maßstab, den wir anwenden, so oder so formen kann – eine Erfahrung, die uns zum Beispiel beim Durchschreiten der Anden zuteil wurde.

4. Das Objektive auf den verschiedenen Stufen des Lebens

Die Tatsache, daß jedes Lebewesen in seiner spezifischen, ihm eigenen Umwelt lebt, in der stets etwas Bestimmtes dieses Lebewesen an-geht, und die Tatsache, daß sich der Mensch in seiner Weltlosigkeit gezwungen sieht, immer neue Welten für sich zu entwerfen, in denen von Fall zu Fall heute dies und morgen ein anderes ihn an-geht, gibt Veranlassung, uns abschließend mit jenem eigenartigen Angegangenwerden – welches an der Wurzel der Zeiterfahrung liegt – zu befassen. Wir stellen dabei vor allem fest, daß das »An-gehende« auf den verschiedenen Stufen des Lebens ein Verschiedenes ist: im Nahrungsdrang (z.B. als Erfahrung des noch nicht angeeigneten oder des nicht mehr anzueignenden Nahrhaften) ist es der Drang selbst, der Trieb, der etwas als nahrhaft oder nicht nahrhaft zu erfahren erlaubt. Der Trieb entwirft den Rahmen, innerhalb dessen ein lebendiges Wesen das es An-gehende erfahren kann. Dabei ist das An-gehende, das im vegetativen Trieb (Nahrungstrieb, Fortpflanzungstrieb) auftaucht, ein anderes als das, was in den sensitiven Trieben als das Hörbare, das Tastbare usw. manifest wird. Andererseits ist das Biologische, sowohl auf der vegetativen wie auf der sensitiven Stufe, dadurch bestimmt, daß es ganz in die Bindungen des An-gehenden eingebettet ist und keinesfalls aus ihnen heraustreten kann. Das aber, was den Menschen angeht, ist ein Grundverschiedenes: es ist die Erfahrung jener Objektivität, die im »legein«, im »logos« als Aufforderung zu einem, gegenüber den vorhergenannten Lebensstufen völlig neuen Wählen und Sondern auftritt; es ist ein Wählen und Sondern im Hinblick auf Prinzipien, das heißt also – die Aufforderung zum Begriff. Die Forderung an den Menschen entspringt der Erfahrung einer Ordnung, die ihm zukommt, die er verwirklichen oder verfehlen kann. In dieser Anordnung liegt der Ursprung der menschlichen Geschichte.

Was der Mensch erinnert und erwartet, ist etwas ganz anderes als das, was das Tier erinnert oder erwartet und wonach es triebhaft drängt. Das Objektive der sinnlichen Welt des Tieres hat den Charakter des Zeitgemäßen, denn alles erscheint und entschwindet ihm im Rhythmus der Triebe. Hingegen hat das Objektive, das der Mensch erfährt, im Hinblick auf die vegetativen und sinnlichen Triebe den Charakter des Unzeitgemäßen.

Erst wenn man das Problem des Objektiven offenläßt, d. h. die auf verschiedenen Stufen des Lebens verschiedene Objektivität anerkennt, ist man davor geschützt, in die naive Dogmatik eines Realismus zu verfallen oder die entgegengesetzte Lösung – den Idealismus – zu suchen. Sämtliche Kritiken am Idealismus bemühten sich bisher stets um die Aufweisung einer gegenstandhaften, objekthaften Objektivität. Während der Idealismus das Objektive nur auf den Akt des transzendentalen Denkens gründet, können wir auf andere Objektivitäten hinweisen, weil es unterschiedliche Formen des An-gehenden gibt.

Wir sagten: die Natur offenbart sich uns durch die Sinne. Aber die Sinne lassen die Wirklichkeit stets wieder anders erscheinen, je nachdem, von welchen individuellen Maßstäben wir ausgehen. Die Wissenschaft sucht daher zu einer Objektivität zu gelangen, die uns die Sinne, wie es scheint, nicht vermitteln. Diese Objektivität basiert auf den Maßstäben, welche die einzelnen Wissenschaften entwerfen, und erstreckt sich auf das Feld dieser gewählten Maßstäbe.

Wir führen einige Beispiele an: Innerhalb von Größenmaßstäben wird dem Menschen das »Reale« in der Form der Größe, innerhalb von Gewichtsmaßstäben in der Form der Schwere erscheinen. Innerhalb bestimmter Grenzen der Temperatur wird sich ein Phänomen in der einen Weise, bei Abänderung dieser Grenzen in einer anderen darstellen. Es genügt, das berühmte Beispiel Descartes' zu erwähnen. Er fragt, was eigentlich die an sich seiende Wirklichkeit des Wachses sei, wenn es sich ihm innerhalb der verschiedenen Grenzen der Temperatur von Mal zu Mal in anderen Sinnesqualitäten darbietet. Treten wir heute mit einer ähnlichen Frage an die moderne Physik heran, so wird diese – sofern sie ihrer eigenen Position treubleibt – antworten müssen, daß ihr Gegenstand kein an sich seiendes Reales ist, von dem man sprechen und das man begreifen kann, sondern nur eine Erscheinungswelt, die sich innerhalb der von der Physik entworfenen Grenzen offenbart.

Schon die Griechen haben die Natur als etwas bezeichnet, das innerhalb von »diastemata«, von entworfenen Grenzen (das heißt: durch die Sinne oder den Verstand entworfenen Grenzen) erscheint, innerhalb welcher (dia) das Erscheinende eine Beständigkeit (histemi) aufweist. Plato sprach von der sinnlichen Wirklichkeit als »metaxy«: als etwas, das »zwischen« bestimmten Grenzen auftritt.

Wir sehen also, daß die Objektivität – als Erkenntnis der Wirklichkeit – nach zwei Richtungen hin eine Einschränkung erfährt: erstens dadurch, daß sie vermöge der jeweils gewählten Maßstäbe Grenzen setzen muß und uns immer nur Ausschnitte einer Wirklichkeit darbietet; und zweitens dadurch, daß diese Grenzen, diese Maßstäbe von der Wahl des Menschen abhängen, d.h. »subjektiv« sind.

Uns Abendländern erscheint die Natur daher nicht so sehr vermittels der Sinne als vermittels der Grenzen, welche die einzelnen Wissenschaften entwerfen; im Experiment wird die Wirklichkeit jeweils innerhalb bestimmter Grenzen (Maßstäbe) befragt, um eine Antwort von ihr zu erhalten. Der Mensch ist aber unfähig, rein deduktiv zu erschließen, wie etwas innerhalb bestimmter Grenzen erscheinen wird. Wir bestimmen die Fragen, jedoch von uns kann die Antwort nicht kommen: in ihr offenbart sich eine Objektivität, die nicht vom Menschen und seiner Geschichte abhängt.

Was wir hier unter dem »Objektiven« verstehen, das ist zwar *vor* den menschlichen Entwürfen da, aber nicht als etwas Objekthaftes; die Objekte als solche treffen wir nur als Momente neben den Subjekten innerhalb der sich bewährenden oder der versagenden Entwürfe. Was also *vor* den menschlichen Programmen und ihrer Verwirklichung liegt, ist nicht eine objekthafte Objektivität (wenn man das Wort »Objektivität« überhaupt beibehalten will, das von der naiven Voraussetzung ausgeht, die »Objekte« seien schon die Wirklichkeit an sich), sondern es ist die »Objektivität« einer Vor-Wirklichkeit.

Eigentlich wurde von der modernen Biologie das Problem der »objektiven Welt« neu aufgeworfen, indem sie feststellte, daß jedes Lebewesen in seiner spezifischen, nur ihm eigenen Welt lebt, deren Struktur durch das bestimmt wird, was dieses Lebewesen *angeht*. Nur durch das Zusammenstoßen unserer Entwürfe mit der Objektivität der Vorwirklichkeit ergibt sich die Möglichkeit, eine Realität zu erkennen, die von uns unabhängig ist. Daher erscheint die Wirklichkeit stets innerhalb von Handlungen, in deren Rahmen wir als Subjekte auftreten, die sich mit Objekten auseinandersetzen. Dem Menschen steht es daher nicht frei, die Grenzen seiner Welt nach eigenem Gutdünken zu entwerfen.

Im Taumel über die technischen Errungenschaften hat der abendländische Mensch immer ausschließlicher seine Verstandes-Entwürfe verherrlicht, bis er die wesentlichen Beziehungen zu einer von uns unabhängigen und dennoch uns an-gehenden Objektivität völlig vergaß. Damit hat er sich immer mehr in eine konstruierte, irreale Wirklichkeit eingeschlossen, in der ein intellektuelles, abstraktes Leben wuchert, bis der Tag kommen wird, da diese Scheinwelt zusammenbricht.

Auf dem südamerikanischen Kontinent, wo sich uns die ursprüngliche Objektivität fortwährend in Gestalt der Not, in der Gestalt des Entsetzens, in der Erfahrung des Unmenschlichen aufdrängt, ist es – so glaube ich – viel schwieriger, deren Wesen, ihren wirklichen Charakter, ihre Andersartigkeit zu vergessen. Dort fehlen noch die Bezirke gelehrter, steriler, pseudo-geistiger Interessen. Und gerade deswegen zwingt jener Kontinent den Europäer zur Konfrontation mit Problemen, die bei uns allzu lange in Vergessenheit geraten waren: ein Vergessen, gegen das die Griechen ständig anzukämpfen für notwendig hielten. Daher bezeichneten sie die Wahrheit als »aletheia«, als das, was der Lethe – der Vergessenheit – entrissen wird.

VI

Von der Weltlosigkeit

1. Der Prozeß der Entweltung

Wir haben Schilderungen jener Verzweiflung gegeben, die den Europäer im südamerikanischen Raum ergreift; die Eigenart unserer Situation bekundet sich darin, daß wir als Reisende, mit unseren europäischen Begriffen ausgerüstet, auf einen fremden Kontinent, in eine fremde Natur kommen und dort plötzlich das Ungenügen der uns vertrauten Kategorien feststellen.

Wir haben schon zu Wort gebracht, was viele von uns in Europa in dieser oder jener Form erlebten und noch weiter erleben: Mitten im Kreis unseres alltäglichen Lebens, mitten in der uns gewohnten Landschaft sind wir wohl alle – besonders in den letzten Jahren – einem Fremden, Unfaßlichen und Unheimlichen begegnet, ähnlich jenem, das uns auf dem fremden Kontinent nicht mehr losläßt.

Die Erfahrung, daß die uns bekannten Begriffe und Vorstellungen unzulänglich geworden sind, daß heute allenthalben etwas Neues in unsere Welt einbricht, vor dem sich der überkommene Schatz an Umgangsformen mit Menschen, Dingen und Ereignissen als unzureichend erweist, die Erfahrung des Brüchigwerdens unserer Welt gegenüber Anforderungen, die wir noch nicht zu erfassen vermögen, bildet – wie ich glaube – unser Grunderlebnis. Dieses Grunderlebnis ist es auch, das unsere Erfahrungen in jener fremden, unheimlichen Welt bestimmt.

Wir können vielleicht besser verstehen, was uns heute – als Reisende – bewegt, wenn wir auf die Reiseberichte vergangener Zeiten zurückgreifen und feststellen, worin sie sich von den unseren unterscheiden. Wir brauchen nur die ganz andersartige Haltung, die z.B. Petrarca einnahm, als er nach Frankreich oder nach Deutschland reiste, mit den Reiseberichten eines Marco Polo oder der ersten Missionare zu vergleichen, als sie sich nach dem Heiligen Lande begaben, und diese dann mit den Berichten eines Columbus oder der spanischen Conquistadores. Bis zu den Reiseberichten Humboldts oder der englischen Entdecker und Erforscher Afrikas handelt es sich dabei in keinem Falle um Aufzeichnungen, die ausschließlich von der Einstellung des einzelnen abhängen; denn in jenen Schilderungen spiegeln sich vorwiegend die verschiedenen Zeiten und damit ganz verschiedene Welten wider.

Ich glaube, daß die in jenen Reiseberichten festgehaltenen Erfahrungen – die als Stationen unserer Entwicklung betrachtet werden können – auf einen gemeinsamen Nenner zu bringen sind, von dem unsere heutige Situation sich grundsätzlich unterscheidet.

Die meisten dieser Berichte aus der Vergangenheit sind, wenn sie von Begegnungen mit dem Neuen künden, stets vom tiefen Glauben an die eigene Welt, das heißt an die absolute Gültigkeit ihrer Maßstäbe und ihrer Mission erfüllt. Man verließ die eigene Heimat – die eigene Zeit und den eigenen Raum –, und man wußte oder war davon überzeugt, daß diese die eigentliche Realität, die »Welt« selbst in ihrer geschichtlich entscheidenden Bedeutung darstellte.

So sind alle jene Berichte von der Überzeugung des absoluten Wertes der Geschichte, der man angehört, getragen. Sie umfaßte entweder die christliche Welt – meist verstanden als die Fortsetzung der antiken griechischen und römischen Tradition – oder die allmählich aufsteigende moderne Welt mit der neu erwachten Macht der Staaten oder den Glauben an eine geistige Mission. Mit anderen Worten: man fühlte sich innigst an dem Geschehen beteiligt, ihm zugehörig, oder man verspürte wenigstens in sich jene Ruhe, die immer dann waltet, wenn einer weiß, wo er steht und welcher Zeit er angehört.

Sowohl die christliche Welt als auch der Staat oder eine geistige Mission stellen dem, der an sie glaubt, Maßstäbe zur Verfügung, mittels derer er sich den Erscheinungen gegenüber orientieren kann. Das »Hier« und das »Dort« werden durch glaubwürdige, sichere Maßstäbe bestimmt, die zur Meisterung von Entfernungen geistiger, geschichtlicher, selbst künstlerischer Art dienen. Dadurch entsteht eben das, was wir eine »Welt«, eine Ordnung nennen. Zu dieser Erfahrung gehört auch ein ganz bestimmtes Gefühl von der Zeit. Wenn man bei beliebiger Wanderung weiß, daß man eines abgegrenzten Noch-nicht oder Nicht-mehr teilhaftig ist, so hat man überall die Möglichkeit einer Verankerung.

Ich frage nun (und dies ist eben die Frage, die wir erörtern möchten), ob wir heute noch in derselben Art und Weise den Dingen zu begegnen vermögen oder ob bei uns nicht schon andere Erfahrungen und Verhaltensweisen sich einschieben, die unsere abendländische Situation kennzeichnen.

Wenn wir mittelalterliche oder humanistische Reiseberichte lesen, dann überrascht es uns, daß sie kaum je von einem Gefühl des Zweifels oder gar des Schwindels beschattet sind. Jene Menschen (so ist es zum Beispiel der Fall bei den Spaniern) sind derart von ihrer Aufgabe erfüllt, daß sie kaum das Neue als solches erblicken, sondern in uns den Eindruck erwecken, als befänden sie sich ständig in ihrer angestammten Welt. Nie steigt das Gefühl der Angst in ihnen auf; sie sind sich bewußt, ihre eigene Welt in die Ferne zu tragen. Wir können das noch anders formulieren. Die Spanier hatten es in gewisser Hinsicht leicht, nicht aus dem Gleichgewicht zu geraten, denn sie befanden sich in ähnlicher Lage wie eine Forschungsexpedition, die sich im Urwald allein die Aufgabe stellt, Pflanzen und Tiere nach irgendeinem System – etwa dem Linnéschen – zu ordnen und zu benennen: nach einem System, das sie mitgebracht haben und in dem sie sich zu Hause fühlen. Dämonen, Ungeheuer, selbst das Tor zur Hölle können aber denjenigen nicht schrecken, der genau weiß, wie sie zu benennen und somit zu bannen sind. In jenen Zeiten, als man noch wußte, wo der Nabel der Welt war, brachte man seine eigenen Worte überallhin mit und bezwang mit ihnen das Neue; man wußte, daß sie die Kraft besaßen, unmittelbar Geschichte zu gestalten. Wenn die Griechen von anderen Völkern als Barbaren sprachen, so geschah es, weil sie überzeugt waren, die einzig gültige Bedeutung der Welt zu kennen: wo sie auch gingen und standen, gebrauchten sie die eigenen Worte und gestalteten dadurch Geschichte.

Wie aber steht es mit uns? Wie nimmt man zum Beispiel heute Abschied von Europa? Wir haben darauf hingewiesen, daß das Grunderlebnis des heutigen Menschen, die Erfahrung des Brüchigwerdens unserer Welt gegenüber neuen Anforderungen, etwas ist, das wir noch nicht zu erfassen vermögen. Wir sind nicht mehr imstande, mit der gleichen Sicherheit und Unmittelbarkeit wie unsere Vorfahren das Neue in unsere Welt einzufügen und ihr unterzuordnen. Wir fallen immer wieder zurück in das aussichtslose und vergebliche Bemühen, in unserer Welt einen Halt zu finden, sie mit einem Glanz und einer Bedeutsamkeit auszustatten, die sie deswegen nicht mehr besitzt, weil ihre Grenzen aufgebrochen sind und sie sich vor dem rechtfertigen muß, was jenseits ihrer Grenzen liegt.

Aber als Reisende in die Fremde sind wir vorwiegend auch Reisende »ins Innere«. Die Schwierigkeit, das Neue in unsere bisher gültigen Kategorien einzubauen, zwingt uns einerseits zum Festhalten am Gewohnten und Bekannten, andererseits zu der Prüfung, wieweit es gegenüber dem Neuen noch standhält. Je mehr wir uns räumlich von der Heimat entfernen, desto tiefer gehen wir in uns selbst hinein – und eigentlich (im Unterschied zur äußeren Reiserichtung) rückwärts; denn wir wenden uns dauernd zu dem, was uns angehört, zurück, und die Entdeckungen, die wir machen, sind nicht so sehr äußere als vielmehr innerliche.

Man muß jedoch beachten, daß eine solche innere Aufmerksamkeit etwa mit psychischen Zuständen nichts gemeinsam hat. Sehnsucht, Heimweh oder der Schmerz, das zu verlieren, was wir kennen und lieben, die Erinnerungen an das, worin wir heimisch sind – das sind Gefühle, die jeden befallen. Nein, so meine ich es nicht. Das Entscheidende ist, daß wir beim Reisen heute nicht so sehr auf äußere Entdeckungen ausgehen, vielmehr die Welt unserer Sprache, Gedanken und Gefühle, die erst im Rahmen des Ungewohnten zugleich fragwürdig und bedeutsam wird, einer Prüfung unterziehen. So kann das, was verloren schien, plötzlich mit neuem Wert und einer neuen Intensität auftauchen; was verbraucht, was abgenützt schien, tritt in ungeahnter Lebendigkeit neu hervor. Aber das Gefühl einer gewissen Ohnmacht begleitet uns doch, denn wir sind unfähig, das Neue einzufangen und in unser Koordinatensystem einzubauen.

Noch etwas anderes kommt hinzu: Wir sprechen in Ausdrücken, die wir unserer Erziehung und Umwelt verdanken und die sich später durch unser Studium und unsere Erfahrungen färben. Alle diese Ausdrücke sind uns so geläufig geworden, daß sie kaum noch Gewicht haben; sie scheinen so selbstverständlich, daß uns die Eigenart der Erfahrungen, aus denen sie entstanden sind, kaum noch bewußt ist. Durch Gleichgültigkeit haben wir sie verbraucht: wir treffen sie in Zeitungen an, in der Banalität des täglichen Lebens – ohne Mühe, ohne Schmerz, ohne Hoffnung. In der neuen Umgebung entsinnen wir uns all dessen, was sie ursprünglich bedeuteten, aus welcher Erfahrung sie ursprünglich hervorstiegen und welche unheimliche Realität ihnen innewohnt. Das sind also zunächst Erlebnisse, die den Wert der eigenen Welt in unserem Herzen erhöhen.

Zugleich aber tritt ein anderer, für unsere Zeit bezeichnender Faktor auf: der Argwohn, der Zweifel. Wir stehen mit dem Geläufigen, mit den Formeln, die Erziehung und Umwelt uns lieferten, plötzlich in einer anderen Welt, in der sie kaum mit ähnlicher Tiefe und Vielschichtigkeit gelten können, in der sie sich aber erneut bewähren müssen.

So trennt sich die gewohnte Welt von dem Neuen ab, das zunächst als etwas bloß »Gegenüberliegendes« erscheint, so daß wir, an unsere Erinnerungen geklammert, in einer inneren Ferne versinken, die weit unerträglicher als die äußere ist, die wir auf der Reise durchschreiten. Man hat das Gefühl, als falle man nach rückwärts und erblicke die uns vertraute Welt aus einer schwindelnden Perspektive. Man saust dann förmlich durch neue Wirklichkeiten, ganz in sich selbst gekauert, voller Staunen. Deswegen sagte ich, daß wir nicht nur äußerlich, sondern hauptsächlich *in uns* reisen. Das Neue spielt sich *vor uns* ab. Das Neue aber, das *vor* uns steht, ist ja das Leben selbst; und so verbleiben wir, indem wir vor ihm stehen, *außerhalb der Wirklichkeit*, unfähig, in sie einzutreten. Wir geraten in den Zustand der Weltlosigkeit.

Die vielschichtigen Ursachen der Entweltung überfallen uns und können zur Reglosigkeit, zur völligen Apathie führen. Jeder Prozeß der Entweltung beginnt mit dem Entsetzen über das Schwinden des Gewohnten.

Welche Hoffnungen, welchen Wahn werden wir dann mit den uns umgebenden Szenerien verknüpfen können? Man hat doch den Eindruck, eine Bühne zu betreten, auf der die Lichter schon erloschen sind. Das Stück ist schon gespielt, Schauspieler und Zuschauer sind bereits weggegangen, wir dürfen uns die Dekorationen ansehen, aber von der Handlung ist nichts geblieben.

Verbleiben wir noch bei den Eindrücken der Entweltung, wie sie uns drüben überkommen. Bei Abenddämmerung wirbeln zwischen den langen Pappelalleen die heimkehrenden Pferdehorden goldenen Staub auf. Das schwindende Licht macht den Atem der Erde sichtbar. Oder weiter droben in den einsamen Bergen: im Schnee sieht man die Spuren der Pumas, dort liegt ein toter Fuchs, und gegen den leuchtenden Kobalthimmel zeichnet der Adler seine Kreise in einer Welt ohne Schatten. Spuren mehren sich im Schnee, sie kreuzen einander und zeugen von einem Leben, das eigene Wege kennt – Wege, von denen der Mensch nichts ahnt, ja, von denen er ausgeschlossen bleibt. Man weiß, daß dieser Natur kein menschlich ablesbarer Sinn anhaftet. Es wird uns bang in der Seele.

Der Prozeß der Entweltung geht weiter: die Wirklichkeit ringsum verwandelt sich in einen zeitlosen Limbus, in eine Art unbeweglicher Gegenwart, worin die Natur in einem einzigen Atemzug zusammengefaßt liegt. Sie läßt keinen Raum für Geschichte mehr zu. Die Realität wird durchsichtig, da hinter ihr keine Ziele für uns stehen. Dann spürt man von Tag zu Tag, wie die Vergangenheit sich immer mehr von uns ablöst, ohne aber – und dies ist eben das Beängstigende – an ihrer Stelle ein Neues auftauchen zu lassen, jenes »Neue«, das sich in das alltägliche Leben einschöbe und ein durchgehendes Bindegewebe bildete, um die Schärfe aller Begegnungen zu mildern. Wir nehmen wahr, daß menschliches Leben sich eben von dieser Milde nährt.

Selbst die Vergangenheit scheint sich dann zu verflüchtigen; nur Fetzen davon, wie verstümmelte Gespenster, wehen einem unvermutet entgegen. Wie in einem Fieberanfall löst sich alles auf, und man erfährt, was es heißt, »ohne Welt« dazustehen. So erlebt man unmittelbar, daß Welt nicht eine persönliche Schöpfung ist, sondern von Generationen geschaffen wird: daß sie Ergebnis einer Geschichte ist, die sich langsam entwickelt.

Den Schreck vor dem Fremden, als Moment der Entweltung, hat auch ein antiker Dichter erlebt und beschrieben: Ovid in den »Pontica«. Aus dem Land der Sarmaten und der Gaeten ruft er den fernen Freunden seine Verzweiflung zu, aber sie antworten nicht. Dort halten ihn die Menschen für einen Barbaren, weil er – der Römer – ihre Sprache nicht kennt. Er schildert Landschaft und Lebensart, die ihm in ihrer Befremdlichkeit das Ende der Welt zu sein scheinen. Der Winter hat das Meer in eine starre Ebene verwandelt, und hinter den Mauern von Tome (dem heutigen Konstandza am Schwarzen Meer) stehen die wilden Bogenschützen mit ihren Pfeilen. Er fragt sich, wozu und für wen er dichten soll, da seine Worte niemandem etwas bedeuten können. So erfährt er die Unsinnigkeit seiner Kunst, welche der eines Mimen gleicht, der in völliger Dunkelheit zu tanzen begänne.

Sive quod in tenebris numerosos ponere gestus,
Quodque legas nulli, scribere carmen, idem est.
Excitat auditor studium, laudataque virtus
Crescit, et immensum gloria calcar habet.
(Ex Ponto IV, 2,33 ff.)

Das Befremdend-Unmenschliche tritt von allen Seiten heran. Die Vehemenz der Natur ist so schlagend, daß wir uns nicht von ihr zu befreien vermögen. Unter diesem Zeichen entsteht eine neue Erfahrung: das Ursprüngliche, das Dämonische, das wir in Europa nur noch in den Gefahren der technischen Erfindungen ahnen, tritt hier in der Form von Drohungen der Natur, im Erlebnis des Lichts, des Schattens, der Temperatur hervor. Dadurch verwandelt sich aber unsere eigene Wirklichkeit, der uns gewohnte Zeitrhythmus läßt nach. Gegenstände, Empfindungen, die vorher innerhalb eines bestimmten, unser Leben kennzeichnenden Rhythmus untergingen, kommen hier allmählich zum Vorschein – in neuen Schichten, in neuen Farben, in neuen Gerüchen.

Für gewöhnlich erkennen wir die Gegenstände »in« der Natur, sie sind für uns gewissermaßen Attrappen, an denen wir uns festhalten und die uns von der Einheit des Ganzen ablenken, wodurch die Einheit sogar zersplittert werden kann. Aber die Natur, wie wir sie dort antreffen, ist schlechthin das Reich der »Offenheit« im Sinne Rilkes: sie ist in sich selbst verwoben, ein untastbares, unaufgebrochenes Kontinuum, aus dem wir nichts Vereinzeltes herausbrechen und isolieren können.

Vielleicht kündete Ähnliches einst der Blick der Medusa: ihr Haupt ist von Schlangen umwunden, Symbol der Kreishaftigkeit des Ganzen, und weil wir dies nicht ertragen, werfen wir ihm unsere Welten entgegen. Im heutigen Europa haben wir einen solchen Kampf längst vergessen.

So ist es, als würde über uns ein riesiges Netz gezogen: unmerkbar beschattet und verzerrt es alles Umgebende. Dieses Netz des Unbekannten ist wie die eigentümliche Gewißheit des Todes: man »weiß« zwar rein rational um sein Dasein, aber faktisch wird es einem selten unmittelbar gegenwärtig, selten nur scheint der Tod in unser Leben zu wirken, in den verschiedenen Winkeln sich einzunisten, überall hervorschauend, wartend, spähend. Den Gegenständen, den Statisten fällt keine Rolle mehr zu, sie verlieren ihre Bedeutung.

2. Die entweltende »Gana«

Zum Prozeß der Entweltung kann die Natur ebenso wie die Begegnung mit Menschen beitragen. Die Natur gleicht einem ständig treibenden Fluß, der auf die verschiedensten Arten den Menschen mitreißt. Vergessen wir aber nicht, daß die grenzenlose Natur nicht allein im Lauf der Gestirne, in den Landschaften, in den unmenschlichen Entfernungen auftritt. Wo keine Kontinuität einer Kultur, einer Geschichte nachzuweisen ist, kann auch in den menschlichen Beziehungen ein dauerndes Schwanken, ein Chaos herrschen – freilich nicht als Unordnung, sondern als ein Bezirk, in dem alles als möglich erscheint. Wo die Leidenschaften außerhalb jeglicher historischen Grenze ausbrechen, entstehen und verschwinden unzählige Möglichkeiten im Grenzenlosen.

Viel hat man über den südamerikanischen Stimmungsfaktor »Gana« geschrieben. Man spricht von der »Gana«, der Lust, etwas zu tun oder nicht zu tun, von der momentanen Stimmung als von einem geheimnisvollen und unabwendbaren Element, das sich in alle Beziehungen, Handlungen und Entscheidungen einschiebt. Manche Südamerikaner sehen in der »Gana« eine Art Spontaneität, eine gewisse geniale Improvisation in den menschlichen Beziehungen, und setzen sie der pedantischen Ordnung der europäischen Welt entgegen. Handelt es sich aber überhaupt um einen andersartigen Lebensstil oder nicht vielmehr um die Unfähigkeit, auf einer bestimmten menschlichen Ebene durchzuhalten? Es ist charakteristisch, daß drüben mitunter Angelegenheiten, die erst monatelang in der Schwebe blieben und nicht realisierbar schienen, plötzlich gerade im unerwartetsten Moment zur Lösung gelangen. Handeln oder Nichthandeln ergibt sich nicht aus der Dualität der Partner oder aus ihrem gemeinsamen Ziel. Es ist vielmehr die Stimmung schlechthin, die unsichtbar zur Einigung oder zur Trennung führt. Weder der eine noch der andere Partner wägt die Faktoren ab. Statt dessen regiert jenes innerliche Gestimmtsein, das wir Europäer eigentlich nur noch in erotischer Beziehung kennen. Ein leidenschaftliches Leben (Leidenschaft im Sinne von »pathe«), jedoch ganz reduziert; denn jene Stimmungen erheben sich nur sehr selten zu starken Leidenschaften, sie spielen sich im Durchschnittlichen der alltäglichen Begebnisse ab. So steigt oft aus dem Boden des menschlichen Miteinanderseins eine Art Nebel auf, der jedes Vorsehen, jede Vor-sicht, jede Sicherheit illusorisch macht.

Nun frage ich: Bedeutet dies nicht das Wiederauftauchen jener entsetzlichen Natur, von der ich vorhin sprach – allerdings in den menschlichen Beziehungen, in den Wallungen des Gemüts? Die Natur ist nicht nur außerhalb, sondern auch in uns selbst, in unseren Leidenschaften, in den Stimmungen, die sich sieghaft ausbreiten. In solchen Situationen fühlt man sich wie ein Insekt, das zwischen die Blütenblätter einer fleischfressenden Pflanze geraten ist. Die Blätter schließen sich über uns, und eine klebrige Feuchtigkeit paralysiert uns, löst uns auf. Man weiß nicht mehr, was man ursprünglich wollte, welches der Antrieb einer Handlung war. Solche Erfahrungen einfachhin auf andere »mores«, andere Sitten zurückzuführen, heißt aber doch – so glaube ich –, das Wesen des Phänomens mißdeuten. Von andersartigen Sitten kann man nur dann sprechen, wenn ein Ethos herrscht, während die »Gana« eher als das Fehlen eines Ethos anzusehen ist. Unter »Ethos« verstehen wir vor allem die Beherrschung unserer Leidenschaften.

Im Gegensatz dazu erschließen sich in der »Gana« Lebensformen, die sich rein aus Stimmungen ergeben. Dann kann aber im Leben keine Vor-sicht, keine Vorsehung mehr walten. Wer sein Leben von unterirdischen Strömungen abhängig macht, der flieht vor Entscheidungen, die er sich schließlich nur von der Notwendigkeit abringen läßt.

Hieraus sind die Möglichkeiten eines Fatalismus, eines lähmenden Skeptizismus zu erahnen. So kann die Wirklichkeit unwirklich werden: entscheidend ist nicht, was man sieht und hört, sondern die unterirdischen, unbegrenzten, sich wandelnden Flüsse unserer Seele, die unvorhersehbar den morgigen Tag, die Sicht des Aktuellen und die Beurteilung des Gewesenen bestimmen. Daraus können zwar Ereignisse, kann aber keine Geschichte entstehen.

In der menschlichen Psyche entstehen Leidenschaften, die wir auch beim Tier antreffen; sie haben jedoch in diesem einen wesentlich anderen Charakter, sofern sie dem Rhythmus der Sinne verhaftet sind. Im Menschen sind sie statt dessen hiervon losgelöst und irgendwie freischwebend.

Das Problem der Ethik entspringt aus der Erfahrung, daß unsere Leidenschaften oft zur Unzeit und nicht am richtigen Ort oder am richtigen Gegenstand sich entfachen. Im Hinblick auf ein bestimmtes Objekt erweisen sie sich häufig als zu stark oder zu schwach, oder sie entstehen zu früh oder zu spät. So kommt es stets zu der menschlichen Frage, wann, wie und wem gegenüber eine Leidenschaft rechtzeitig und gemäß entsteht. Die Leidenschaften äußern sich stets in einem zeitlichen Rhythmus, sofern sich in ihnen immer das bekundet, was man noch nicht – oder schon – erreicht hat, oder das, was man zu erreichen im Begriffe ist. Das sensitive Leben weist seinen eigenen

Rhythmus auf und daher auch seine eigene Form der Zeiterfahrung. In bezug auf diesen Rhythmus stellt der Mensch fest, daß ihn mitunter auch andere Ziele als das rein Sinnliche angehen: Ziele, die sich daher in jenem Rhythmus nicht auflösen. Die menschliche Bemühung trachtet danach, die sinnliche Zeit mit dem, was den Menschen »an-geht«, in Übereinstimmung zu bringen, so wie es die Begrenzung der Leidenschaften verlangt. Hieraus entspringt die Notwendigkeit dessen, was die Lateiner »prudentia« nannten: Vorsicht freilich in viel weiterem Sinn als jenem, den wir heute diesem Ausdruck zusprechen. In der Vorsicht ruht das ethische Prinzip als Erkenntnis des jeweiligen Einzelfalles. Auf unserem Kontinent verwirklichen sich die ethischen Erfahrungen innerhalb festgelegter Grenzen, zu deren Zustandekommen jahrhundertelange Überlieferungen beigetragen haben. Allerdings betrachten wir unser Leben mit seinen Entwürfen und Werken schon allzu lange als ein »Selbstverständliches« und haben vergessen, daß sie nichts anderes sind als Dämme, die wir gegen den Urzustand der außermenschlichen Phänomene mühevoll aufrichten.

3. Die Begegnung mit dem »Anderen« im Zustand der Weltlosigkeit

Unsere Feststellungen klingen vielleicht wie ein Bekenntnis der Ohnmacht unserer Welt, sehr negativ, so als hätten die Werte und Kräfte, die diese Welt bestimmen, ausgespielt; als seien sie für die Verwirklichung einer neuen Zukunft untauglich geworden. Daß solche Feststellungen aber gleichzeitig auch einen Gewinn bedeuten, das müssen wir nun hervorheben.

Der Zustand der »Weltlosigkeit« tritt nämlich immer dann ein, wenn sich eine Kultur an einer entscheidenden Wende befindet. »Welt« besagt – wie wir schon angedeutet haben – jene Ordnung, die uns befähigt, alles uns Angehende einzugliedern und uns zu orientieren. Sobald diese Ordnung zu schwanken beginnt, erfährt der Mensch plötzlich, daß die gewohnten Richtlinien nicht mehr gültig sind.

Ist eine Kultur lebendig, so muß sie die Kraft besitzen, nicht nur diesen Zustand zu erkennen – und sich nicht in Klagen zu erschöpfen –, sondern vor allem das Experiment zu wagen, ihre Werte und Kategorien zu überprüfen.

Dieser Zustand wäre somit dem des Interpreten ähnlich, der vor einem Text steht. Er kennt annähernd die Bedeutung der Wörter – Liebe, Haß, Hoffnung, Verzweiflung usw. Es geht aber darum, den genauen Wert der Termini auf Grund der Einheit des Textes in eine andere Welt zu übertragen und sich damit in Neuland zu begeben. Wir könnten auch sagen, daß in diesem Sinne jedes neue Werk einen Abschied vom Gewohnten voraussetzt, denn es ist die Vorbedingung, um etwas Neues und Ursprüngliches aufleuchten zu lassen. Daher ist jedes Schaffen zugleich ein *In-die-Isolierung-Treten*; denn es gilt, erst auf Grund des Neugeschaffenen neue Partner für das Gespräch zu finden.

Im Zustand der Weltlosigkeit macht sich ein weiteres Motiv geltend, das mit dem soeben erwähnten innig verbunden ist: die Überprüfung der nicht zu Ende geführten Möglichkeiten, durch die wir uns die Objektivität der Dinge, der Lage, der Beziehungen vergegenwärtigen. Ich meine folgendes: Jede historische Lage, in der wir uns befinden, jede Beziehung zu Menschen, jede Landschaft oder Stadt weisen gewisse Möglichkeiten auf; wir können jedoch nicht einfachhin das verwirklichen, was uns gut dünkt. So wie die Natur unseren Handlungen und Fragen widersteht und schweigt, bis wir die an sie gerichteten Fragen richtig gestellt haben (im Experiment etwa), so erschließt sich eine Wirklichkeit in Hinsicht auf das, was wir von ihr wollen und erwarten, nur dann, wenn wir die den einzelnen Gebieten des Seienden angemessenen Fragen stellen. Ebenso steht es auch mit der historischen Gegenwart, in der wir leben. Gerade in Zeiten der Krise, des Bruchs – und daher der Weltlosigkeit – erkennen wir rückblickend, inwiefern unsere Fragen und Ansprüche falsch gestellt waren. Als Wirklichkeit steht eine Macht vor uns, ein Leben, das wir nicht zu vollziehen vermochten, eine Macht, die auf andere Menschen wartet.

Da solch ein Zustand der Weltlosigkeit sich immer auf Erfahrungen einer Objektivität bezieht, die wir im Hinblick auf uns geläufige Maßstäbe nicht zusammenfügen können, erhalten auch die Leidenschaften und Emotionen ihre ursprüngliche Bedeutung zurück. Die Leidenschaften erweisen sich schlechthin als die Fähigkeit, etwas zu *erleiden*, eben die Andersartigkeit der Dinge in bezug auf das, was wir aus ihnen machen wollten.

So tritt auch das Phänomen der Leidenschaft in ein neues, ursprünglicheres Licht. Gewöhnlich fassen wir die Leidenschaften als Impulse *zu den Dingen* auf, als Antrieb, zu ihnen zu gelangen, um sie uns anzueignen, um sie gewissermaßen durch unseren Trieb uns einzuverleiben. Jetzt, in der neuartigen Situation, gewinnen die Triebe eine ganz andere Bedeutung: sie werden zu der Fähigkeit, die wirkliche Andersartigkeit der Dinge zu erleiden, ihr An-sich-Sein zu erfahren. Man erfährt die Dinge nicht mehr so, wie sie als Momente unserer Verwirklichung sich darboten, sondern als Momente, an denen wir unser Versagen erfahren können und an denen wir uns »stoßen«. Im Zustand der Weltlosigkeit trennt sich nämlich, wie wir schon sagten, unsere vormalige Welt von den Dingen. Selbst die Emotionen, in ihrem ursprünglichen Sinne verstanden, das heißt als ein e-movere, als ein Sichherausbewegen aus einem Spannung- und Richtunggebenden, wenden sich in diesem Zustand der Orientierungslosigkeit ins Nichts: die Bewegung führt nicht mehr zur Schöpfung eines Raumes, sondern bekundet, im Gegenteil, nur die Erfahrung des Raumlosen.

4. Das versunkene Panama

Die in den Tropen schnell einfallende Abenddämmerung erweckt den Eindruck einer Bühne, auf der man in kürzester Zeit und ohne Vorbereitung vom Tageslicht zur nächtlichen Szene übergeht. Auf einer glatten Zementstraße gleitet das Auto durch den Urwald. Frösche quaken zu Tausenden – es ist, als würde die Luft davon zerrissen und ihre Feuchtigkeit gleichsam hörbar gemacht. Der Urwald bildet ein einziges geschlossenes Dach. Nur ganz allmählich, wenn man sich dem Meeresstrand nähert, vereinzeln sich die Bäume und zeigen, freistehend, ihre Struktur. Der Lärm der Frösche begleitet uns weiter: man hat das Gefühl, in ein unsichtbares metallisches Gespinst verfangen zu sein. Bis wir den Strand erreichen, ist die Dunkelheit schon vollkommen. Horizont und Nachthimmel sind nicht mehr unterscheidbar, und das Meer wirkt wie ein riesiger Vorhang, der durch die Nacht weht; ein Wehen, das im sich brechenden, silbern glitzernden Wellenschaum jenes unheimliche Nichts anzeigt, vor dem der Vorhang ausgebreitet ist.

Steigt man aus dem Wagen, so ist es, als beträte man einen Tempel: die riesigen Stämme der Panama-Bäume, des indischen Lorbeers, erinnern, abgerindet und nackt, an unsere Oliven; sie bilden die Säulen dieses Tempels. Lianen pendeln von den Ästen und wehen langsam in der warmen tropischen Nacht. Wir gehen am Meeresstrand entlang. Plötzlich zeichnen sich zwischen den Baumkronen seltsame Gebilde ab: es sind die Mauern einer zerstörten Kathedrale. Im hohen Glockenturm öffnen sich Fensterumrisse wie leere Augenhöhlen, in die der Himmel bei Tag und Nacht Zutritt hat. Im durchlöcherten Käfig der Mauern hängen noch zerfetzte Glockenseile. Um das Gerüst der

Kirche stehen die Ruinen eines ehemaligen Klosters. Man erblickt das Pflaster von Straßen, die nicht mehr gangbar sind. Das sind die gespenstischen Reste des alten Panama.

Wir betrachten diese Ruinen mit Ehrfurcht. Unwillkürlich steigen die Bilder der zerstörten Kirchen Europas in uns auf. Man steht vor diesen Ruinen in der tropischen Nacht, vor dem dunklen Vorhang des Himmels und des Meeres wie vor einem unübersehbaren Abgrund, neben dem Wellen und Wind die einzigen Lebenszeichen sind. Die Geschichte, das Tun der Menschen, wird von der Brandung der Vegetation unaufhaltsam angegriffen, wie ein Schiff auf See von den Wellen. Die Ruinen zeigen, wie sinnlos der Versuch ist, sich gegen die Natur zu erheben und neue menschliche Räume zu schaffen.

Es wird still um uns, wie zwischen Gräbern in einer zerstörten Stadt; ähnlich erging es uns zwischen den Steinen von St. Gereon oder St. Maria im Capitol zu Köln. Überrascht werden wir gewahr, daß die Steine allerorts das gleiche zu erzählen scheinen: sie raunen vom Zu-Ende-Gehen einer Geschichte, ein Raunen, das im Modergeruch von Mörtel und feuchtem Holz aus den Trümmern aufsteigt wie ein Dampf. Menschliche Welt mit ihrer verklingenden Geschichte, mit Mörtel, mit Steinen, mit zerstörten Räumen, mit Schwellen, die aus dem Nichts zu etwas führten – magische Schöpfungen, die sich einst in Proportionen, in Rhythmen verwirklichten. Denn immer will das Geschaffene gegen die Ordnung der Natur, die keinen Anfang und kein Ende hat, einen Anfang und ein Ende setzen, damit der Mensch wisse, *wohin* er geraten ist und *wo* er ankommt, wenn er sich fortbewegt; damit er wisse, wohin er aufbrechen und wo er rasten kann auf seiner gespenstigen Wanderung im All. Vergessen wir nicht, daß in jeder Mythologie gerade der Schwelle eine so wesentliche Bedeutung zukommt.

Nun beginnt die zweite Schicht dessen, worauf wir bei unserer Schilderung hinweisen möchten. Der Urwald steht zunächst vor uns wie aus einer einzigen Schicht gebildet: eine riesige verzauberte Mauer, flach und ohne Tiefe. Man bewegt sich vor ihr wie vor dem unbezwinglichen Wall einer Festung. Dann tut sich überraschend das Wunder durchsichtiger Tiefen auf. Palmenäste ragen empor, schleierartig wehen übergroße Blätter, enge Pfade verlieren sich im Nichts, kleine Quellen scheinen die Dunkelheiten zu durchädern, flüssiges Licht mit sich schiebend, um es in hörbar plätscherndes, aber unsichtbares Wasser aufzulösen. Und hier, im Kontakt mit dieser Natur, vielleicht noch verstärkt durch den Gegensatz zu der nebenan versunkenen menschlichen Stadt, bekundet sich auf einmal etwas Neues.

Die Sinne stehen beim Menschen stets im Dienste eines Zweckes, der meist kein ursprünglicher ist, sondern wiederum nur Mittel zu etwas anderem. Der letzte Zweck ist meist vergessen, und so schweben die Einzelzwecke im leeren Raum, gleich zerbrochenen Speeren, die nichts Wesentliches mehr treffen und daher auch nicht mehr zur Wirklichkeit in ihrem letzten Sinn durchstoßen können. Das Ohr, der Geruchs- und der Tastsinn sind für uns nur Werkzeuge zum Aufbau einer Welt, die wir dann als die »unsere« betrachten. So erscheinen sie als Mittel, die uns aus der Weltlosigkeit »in« die Welt hineinführen. Nun aber vollzieht sich hier in dieser fremdartigen Umgebung ein plötzlicher Wandel.

Der Sinn der Sinne (wenn ich es so nennen darf) dreht sich um seine Achse wie der Zeiger eines unkontrollierten Kompasses, und daraus entsteht eine neue

Orientierung, die uns zutiefst verwirrt. Die Sinne erweisen sich als »Selbstzwecke«, sie dienen zu nichts mehr. Im Geruch genießt man einfach das Riechen. Die Gerüche bedeuten nichts darüber hinaus, man genießt sie an sich. Es meldet sich eine Skala von Tönen, die weder Musik noch Kunst und doch Genuß des Tönens an sich sind. Ein Ast knackt und durchschlägt die Luft, ihre Schwingungen zittern im Ohr. Es ist ein Geschehen ohne Bedeutung, ohne Zweck. Uns offenbart sich ein Ton »an und für sich«, bar jedes außer ihm liegenden Sinnes. Feuchte Wärme benetzt die Haut, macht sie seidig, und der Tastsinn meldet sich schlechthin als solcher, etwa im Genuß der getasteten Rauheit eines Baumstammes: eine Kante wird zur Schwelle, über die hinweg man nichts mehr wagen darf. Der Urwald wird zum Tempel der Sinne, die nichts Menschliches mehr haben, denn es fehlt ihnen auf einmal jede Möglichkeit zur Unterscheidung von Gut und Böse.

Man steht in jener Welt der Sinne, die Plato im »Philebos« beschreibt, wenn er sagt, daß neben der Welt des Unvollendeten, dessen, was in sich nicht das letzte Ziel hat (also neben der Welt des Nützlichen), eine Welt des An-sich-Seienden existiert. Und überraschenderweise bezieht er diese Welt zunächst *nicht auf etwas Geistiges*, sondern auf die Töne, Gerüche, Farben, Formen »an sich«. Es ist die Welt der Sinne in ihrer ursprünglichen Einheit.

Und nun gelangen wir zur dritten Schicht von Erfahrungen. Vom Urwald kommen wir zur Negerstadt, einem Teil des modernen Panama. Aus der Dunkelheit tauchen im Scheinwerferkegel schwarze Gestalten auf: runde, wie gedrechselte Köpfe, lange polierte Arme. Das Schreiten dieser Körper hat jene organische Leichtigkeit und Geschmeidigkeit, die noch aus der

Gewohnheit des Sprunges stammen. Die Hände, beweglich und gelenkig, verraten eine Bestimmung von ganz anderer Art, als wir sie sonst kennen: die tiefgefurchten rosa Handflächen unter der schwarzen Oberhand zeigen an, daß sie nicht zum Handeln, sondern vor allem zum Tasten geeignet sind.

Wir nähern uns einem Tanzlokal und treten in einen großen, weißgetünchten Raum, dessen hohe, bis zum Boden reichende Fenster auf einen Holzbalkon führen. Auf diesem Balkon drängt sich – wie in einem Käfig – eine Schar von Frauen. Die meisten sind schwarz, aber es gibt auch Mulattinnen unter ihnen, einige Gelbe und wenige Weiße. Im Saal stehen fette Neger von den Antillen und blasse Mischlinge aus Panama, trotz der Hitze mit dem Strohhut auf dem Kopf. Den Nacken zurückgeworfen, trinken sie stehend aus Flaschen. Jeder Schluck wird an der gespannten Kehle sichtbar wie das Klopfen einer Ader. Unvermittelt bricht eine höllische Musik los: alte andalusische Motive, in einen wilden Rhythmus umgesetzt, von Negertrommeln unterstrichen und verzerrt. Jetzt strömen die Mädchen vom Balkon herein, und der Tanz beginnt. Ein jeder tanzt nach seiner Art: der eine sentimental versunken, ein anderer wild, kaum den Partner beachtend und in ihm nur den Gegenspieler zum eigenen Rhythmus erkennend. Alles wogt in einer fetten, dunstigen Luft. Durch die Balkonfenster überziehen die Neonlichter von der Straße her die wogende Menschenmenge mit einem blitzenden Geflecht. Eine Stoffblume im Haar einer Halbindianerin phosphoresziert wie ein Edelstein. Die Seligkeit eines ungeheuerlichen Negers verbreitet sich um ihn wie der Schleim um die Schnecke. Und die verträumten Bewegungen einer vierzehnjährigen Mulattin scheinen in ihrer verhaltenen Vorsicht, die Gefahren des Raumes symbolisch sichtbar zu machen. Der Saal sieht aus wie ein geschüttelter Behälter, in dem vielfarbige Glassplitter unter einem teuflischen, dauernd sich ändernden Licht aufglitzern und sprühen. Nach der geschichtlichen Trümmerwelt am Rande des Meeres, nach der in sich geschlossenen vorgeschichtlichen Welt der Natur zeigt sich uns hier der dämonische Aspekt einer Zersplitterung der Sinne in dieser schäumenden Sinnlichkeit.

Wir erschrecken über die Vielfalt jener Wesen, die sich dort in dem Hexenkessel des Tanzes vor uns bewegen. Ein aufgelöstes, wirres Chaos einzelner, in sich verlorener Wesen und in sich verkapselter Welten, ohne Beziehung zueinander, wogt und quirlt durch den Raum, der den Anprall all der vielfarbigen Splitter kaum noch zusammenzuhalten vermag.

Vergebens suchen wir nach einem gemeinsamen Nenner für dieses Gewirr von Wesen und Welten. Es ist nicht das dumpfe Drängen der Sexualität, die manchmal auf den Tanzböden europäischer Nachtlokale die Paare zusammentreibt und in einer schwülen Atmosphäre vereint. Vielmehr hat hier die Atmosphäre etwas Herbes und Sprödes. Diese Menschen sind keineswegs von einer gemeinsamen Stimmung besessen, sondern ein jeder wird zu einem anderen Ziel getrieben, das – ihm selber fast unbewußt – über ihn Macht gewonnen hat. Er unterliegt einer Sinnlichkeit, die keine Beziehung zu den anderen im Raume herstellt.

5. Die Schwelle

Wenn der Weg, den der Mensch vom unmittelbaren Erleben des Daseins zu theoretischen Deutungen und von diesen weiter zum Entwurf neuer Ordnungen durchschreitet, recht eigentlich zu seinem Wesen gehört, dann müssen dessen Spuren in den Zeugnissen menschlicher Geschichte aufzuweisen sein wie die Jahresringe im Stamm eines Baumes.

Ich sprach vom alten, im 17. Jahrhundert zerstörten Panama, einer toten Stadt zwischen Strand und Urwald, einer menschlichen Welt am Rande der Natur. Dort setzt das vom Menschen Geschaffene, als Symbol seines Willens, gegen die Ordnung der Natur (die keinen Anfang und kein Ende hat) einen Anfang und ein Ende an, damit der Mensch wisse, *wohin* er geraten ist, wohin er mit seinem Werk gelangt. Die Schwellen der zerstörten Kathedrale, die einst dort am Rande der Natur errichtet worden sind – Schwellen, die aus dem Nichts zu Etwas führten –, versinnbildlichen das menschliche Geschehen: unsere Geschichte. Wo ist der Urwald, in dem sich der Mensch verliert und aus dem er heraustreten soll? Der vegetative Urwald, wie wir ihn schilderten, ist doch im höchsten Sinne Ordnung.

Vergessen wir nicht, was Plato von der Welt der Sinne an sich – von der Welt der Töne, der Flächen, der Farben – gesagt hat. Wenn der Mensch aus der in sich geschlossenen Welt der Sinne in seine eigene Welt sich erst »Eintritt« verschaffen muß, so wäre dies nicht ein Übergang von der Weltlosigkeit in die Ordnung. Die Welt der Sinne, deren Ordnung er schon im Urwald ahnt, wäre bereits ein Geordnetes, aus dem er »herauskommt«.

Vico sagte, daß die menschliche Geschichte in dem

Augenblick anhebt, in dem der Mensch aus dem Urwald, der ihn entsetzt, heraustritt und Feuer an ihn legt, um ihn zu bewältigen. Das Feuer, das hier das Entstehen des menschlichen Raumes symbolisiert, ist daher ein heiliges Feuer. Doch wird die Welt, die der Mensch sich mit Mühe aufbaut, nicht eben deshalb gespenstig, weil in ihr der Ton einer Glocke eine andere Bedeutung erhält, als der Ton an sich besitzt? Das alte Panama in der tropischen Nacht und der Urwald in seiner sinnlichen Geschlossenheit werden uns zu Symbolen solchen Geschehens.

Kann aber der Mensch überhaupt von »außen« her in seine Welt eingeführt werden? Sobald wir diese Frage ins Auge fassen, müssen wir zunächst feststellen: nie gibt es eine selbständige und vorausgehende methodische Betrachtung und *danach* die Wissenschaft, sondern jegliche Wissenschaft birgt ihre Methode in sich. Dies bedeutet, daß die Wahl des Weges und der Werkzeuge, um zum Entwurf einer Welt zu gelangen, immer schon eine bestimmte Auffassung von ihr voraussetzt. Die Entwicklung der biologischen Wissenschaft zum Beispiel bringt immer wieder andere Methoden mit sich; denn je nachdem, wie man das Wesen des Lebens bestimmt, wird notwendigerweise auch die Methode eine andere sein.

Für unser Problem bedeutet das: Wenn der Mensch seine Welt mittels der Einzelwissenschaften aufbaut und wenn es keine diesen Einzelwissenschaften bereits vorangehenden methodischen Betrachtungen gibt, so ist die Weltlosigkeit, die er erfährt, nicht eine außerhalb seiner bestehende Richtungslosigkeit, sondern eine ihm schlechthin zukommende Erfahrung.

Wir steigen also nicht aus dem Urwald (aus dem Richtungslosen) heraus, um in die menschliche Welt »ein«zutreten, sondern das Richtungslose und die

Möglichkeit seiner Erfahrung weist bereits auf ein wesentliches Moment unseres Daseins hin. Während im Urwald, als dem Tempel der Ordnung, alles von Anbeginn einen eigenen Raum und eine eigene Zeit hat – was unsere vergebliche Sehnsucht nach ihm erklärt –, ist die Ordnung, die uns zukommt, eine solche, die wir suchen und verwirklichen müssen. Sie ist uns nie als Lösung, sondern stets als Aufgabe gegeben.

Wir fragen nun: Welche Bedeutung hat die Welt der Sinne, wenn sie für den Menschen keine geschlossene Einheit mehr besitzt? Wir haben den staunenmachenden und erschütternden Charakter der Urwald-Natur in der apokalyptischen Morgendämmerung beschrieben. Dort sahen wir uns vor einer Welt, die sich durch das vegetative und sensitive Leben offenbart und einen in sich geschlossenen, vollendeten Kosmos darstellt. Wir staunen über die ständige Gegenwart des Vollendeten, das keine Geschichte hat; denn diese beginnt erst, wenn wir von außen her willkürliche Maßstäbe und Ausgangspunkte in sie hineintragen. Woher kommt es aber, daß die Sinne in der menschlichen Welt eine ganz andere Bedeutung erhalten?

Offensichtlich ist das, was die Sinne dem Menschen offenbaren, etwas ganz anderes als das, was sie in der Welt der Tiere bedeuten. In der menschlichen Welt sind die Sinne vor allem Empirie. Analysieren wir diesen Begriff: Empirie stammt vom griechischen »peirao« – etwas durchgehen, durchwaten. Was heißt das? Es liegt klar zutage, daß man Empirie nicht mit dem identifizieren kann, was die Sinne im animalischen Leben verwirklichen. Wäre dies der Fall, dann müßte das Tier doch im höchsten Maße Empirie besitzen. Dem widerspricht aber die Tatsache, daß die Tiere ihre Welt weniger auf Grund von Empirie als auf Grund ihrer ursprünglichen Verhaltensweisen und Schemata verwirklichen. Aristoteles behauptete, daß die Tiere kaum Empirie besitzen.

Was bedeutet eigentlich Empirie? Etwas »fest«stellen (constatare) – wohl durch die Sinne, aber stets in bezug auf etwas. Empirie ist nicht die Offenbarung eines im Rhythmus des Lebens geordneten Ganzen, sondern ein vereinzeltes Feststellen in Hinblick auf einen gewählten Maßstab. Wir sagen ganz zu Recht »fest«stellen, denn gerade weil die Sinne des Menschen nicht schlechthin einem organischen Rhythmus eingegliedert sind, vermitteln sie ständig ein Schwankendes. Je nach dem gewählten Maßstab kann etwas so oder anders erscheinen, groß oder klein, süß oder bitter, rauh oder glatt. Empirie ist also das Durchwaten des Flusses des Veränderlichen, um etwas in bezug auf etwas »fest«zustellen. Dies ist eben der Beweis, daß im Menschen schon mit der Empirie das Einordnen beginnt.

Deshalb haben wir bei der Schilderung der auseinandersprühenden Welten im Tanzlokal jenes Negerviertels von Panama darauf hingewiesen, daß die menschliche Sinnenwelt immer schon vom »Geist« durchsetzt und verwandelt ist. Was wir schilderten, war die Erfahrung der vielfältigen Möglichkeiten des Empirischen als eines ersten Ansatzes der menschlichen Welt. Die Empirie weist also nicht auf etwas hin, das *vor* der menschlichen Welt schon vorhanden wäre, sondern sie kündet bereits eine menschliche Welt an. In diesem Sinne können wir eigentlich sagen: nichts befindet sich in der Vernunft, was die Sinne nicht bereits anzeigen. Die Sinne melden dem Menschen – in der Form der empirischen Offenbarung – schon die Notwendigkeit des »legein«, des Verbindens. Also treffen wir schon in der sinnlichen Erfahrung, in den sinnlichen Feststellungen, in der Empirie die Spuren jener neuen Wirklichkeit an, die den Menschen bestimmt und ihm die geschlossene Sicherheit der animalischen Welt des Sinnlichen vorenthält.

Clemens von Alexandria nannte in den »Stromata« (Buch II, Kap. XIII) die Offenbarung, welche dem Menschen durch die Sinne zuteil wird, »epibathron epistemes«. Epibathron ist der Preis, den man zahlt, wenn man die Schwelle (bathron) überschreitet. So war »epibathron« das symbolische Lösegeld, das man entrichtete, wenn man durch die Mysterien die Reise in das neue Leben antrat. Ist die Wahrnehmung beim Menschen bereits der Ansatz einer Welt, die sich wesentlich vom Rhythmus des Vegetativen und rein Sinnlichen unterscheidet, so gibt es zwischen der Welt der Sinne – in ihrer biologischen Bedeutung – und der des rein Menschlichen keinen Übergang, sondern nur einen Umschlag, eine Verwandlung: man überschreitet eine *Schwelle*, und die Empirie (als das Durchwaten der plötzlich in Fluß geratenen Sinnesdaten) ist das dafür gezahlte Lösegeld.

Das »geistige« Leben und die mit ihm auftretenden Erfahrungen vermitteln keineswegs – wie man des öfteren meint – eine neue Ordnung, die neben oder über den geordneten Welten der Tiere und Pflanzen bestünde. Geistiges Leben deckt sich vielmehr, wie wir gesehen haben, mit der ursprünglichen Erfahrung, daß dem Menschen die Ordnung, die er auf Grund seiner Entwürfe errichtet, anheimgestellt ist. Es ist aber keineswegs gleichgültig, welche Ordnung er wählt, denn sie steht ihm als Aufgabe bevor: eine Last, von der er sich niemals befreien kann. Weil der Mensch – im Gegensatz zum Tier – die Leidenschaften nicht als unmittelbar verbindlichen Maßstab erfährt, ist jede menschliche Leidenschaft schon von Anfang an »geistig« in dem hier gemeinten Sinne: sie kann zu verschiedenen Zielen führen, je nachdem, wie sich der Mensch zu ihr stellt.

Pico della Mirandola drückt diesen Gedanken sehr klar aus, wenn er in seinem berühmten Werk »Über die Würde des Menschen« schreibt: »Als Gott Adam schuf, sprach er zu ihm: Ich habe Dir, Adam, weder eine bestimmte Stellung, noch ein eigenes Antlitz, noch einen besonderen Geschmack gegeben; denn Du sollst Dir selbst durch Deinen Rat die Stellung, das Antlitz und den Geschmack erwerben, wie Du sie Dir wünschest. Die Natur der anderen Wesen liegt innerhalb der Gesetze, die von mir entworfen wurden. Du aber wirst Deine Natur nach Deinem Entschluß – der durch keinen Zwang gebunden ist – bestimmen, und zwar nach jener Entscheidungsfähigkeit, die ich Dir gegeben habe ... Ich habe Dich weder himmlisch, noch irdisch, noch unsterblich oder sterblich geschaffen, damit Du, ein fast freier und königlicher Schöpfer Deiner selbst, Dich nach der Form bildest, die Du gewählt hast.«

Das geistige Leben hat also zwei Seiten: die eine weist auf die Vielfalt der Möglichkeiten hin, vor die gestellt der Mensch seine Weltlosigkeit erfährt; die andere Seite läßt ihn den Zwang erleiden, Welt aufzubauen. Welches ist der Grund der Notwendigkeit, die unser Leben bestimmt und uns veranlaßt, das Dasein immer wieder in eine neue Ordnung zu stellen, jener Notwendigkeit, aus der sich das Werden der Geschichte ergibt und zu der ebenfalls die Momente unserer persönlichen Behauptung gehören?

6. Das Geschichtslose als Wurzel der Geschichte

Weshalb – so fragen wir – sind wir einerseits bestrebt, in der Gegenwart ein »Bestehendes«, das dem »Nicht-mehr« entgeht, zu realisieren und zugleich von ihm Abschied zu nehmen, indem wir uns dem »Noch-nicht« zuwenden?

Diese doppelte Notwendigkeit liegt im Wesen des Menschen selbst begründet. Wir wollen es an einem Beispiel deutlich zu machen suchen: Im Menschen entstehen nicht nur die unmittelbaren Leidenschaften – Liebe, Haß, Hoffnung, Angst –, sondern er muß stets von neuem wissen, *wie, wann, wo* und *wem gegenüber* er ein bestimmtes Gefühl behaupten darf. Die Spaltung zwischen dem Noch-nicht, dem Nicht-mehr, dem Jetzt der sinnlichen Leidenschaften (also der sinnlichen Zeit) und dem Zwang, eine neue Ordnung zu schaffen (der menschlichen Zeit), führt zur Aufdekkung des Einzelfalles.

Das Universale und das Anonyme der sinnlichen Triebe sind gesprengt. Der Mensch steht in jedem Augenblick allein da, er muß über die Welt entscheiden, die er entstehen läßt: der einzelne muß sich behaupten können. Daher die Diskrepanz zwischen der Zeiterfahrung im Bezirk der sinnlichen Triebe – die ständig zwischen Erwartungen und Erinnerungen sinnlicher Art schwanken – und der Zeiterfahrung des Menschen, die auf der Notwendigkeit beruht, alles Sinnliche durch die entworfenen Maßstäbe neu zu bestimmen. Daher kommt nicht nur den Menschen insgesamt eine eigene Erfahrung der Zeit, sondern jedem einzelnen Menschen eine eigene Zeit zu.

Im Augenblick des Sich-entscheidens sieht der Mensch in der Anwendung schon bestehender Maßstäbe einen Sicherheitsfaktor, der ihm – scheinbar – die Möglichkeit bietet, die Zukunft voraus zu bestimmen und voraus zu suchen. Daher das Bestreben, in jedem Augenblick ein Bestehendes zu verwirklichen. Diese Haltung bewährt sich, solange sich die Begebenheiten wiederholen, in deren Rahmen sich der Mensch entscheidet. Da aber jedes Individuum über eine eigene Zeit verfügt und eigene Entscheidungen fällt, ist auch die Möglichkeit gegeben, daß Ereignisse heraufbeschworen werden, vor denen früher bewährte Maßstäbe versagen. Im Augenblick der Entscheidung befindet sich der Mensch immer im Zustand des Alleinseins. Sie ist die Grundbedingung dessen, was wir in der Bindung des Zwanges, uns entscheiden zu müssen, »Freiheit« nennen; sie ist schlechthin die Voraussetzung zur Durchführung menschlicher Handlungen. Jeden Abschied können wir eine Art Weltlosigkeit nennen, indem wir das Gewohnte verlassen, um einem Neuen zu begegnen, das immer wieder in bezug auf das Verlassene und im Hinblick auf das noch zu Erwartende geordnet werden muß.

Die Bedeutung unserer aktuellen europäischen Welt liegt eben darin, daß sie der Ausgangspunkt für den heutigen Durchbruch ist; um zu etwas Neuem zu gelangen, muß ein Überstieg vollzogen werden. Seit Jahren und Jahren nehmen Menschen unserer Generation immer wieder von allem Abschied, in Ausmaßen, wie es nur in Zeiten echter Krise geschieht. Daher werden wir ständig bedrängt, die Kategorien, auf Grund derer wir uns orientieren, zu überprüfen.

Aber unsere ursprüngliche Frage nach dem letzten Sinn der Geschichte blieb noch unbeantwortet. Auf dem südamerikanischen Kontinent haben wir eine ahistorische Natur angetroffen, wir sind einer für uns Europäer unzeitgemäßen Geschichte begegnet und haben die daraus entstehende Verwirrung geschildert. Selbst die Relikte einer vergessenen Geschichte haben dazu beigetragen, unsere Orientierungs-Sicherheit zu erschüttern, da wir die Hinfälligkeit unserer geschichtlichen Kategorien erlebten. Sollen wir aber aus unseren Erfahrungen keinen Schluß ableiten können?

Wir haben darauf hingewiesen, daß es Kulturformen gibt, in denen das Geschichtliche keine Rolle spielt; in den mythischen Welten finden wir sogar einen Kampf gegen die Zeit und somit gegen die Geschichte. Die Betonung des Archetypischen, der ewigen Wiederkehr, des dauernd Sich-Wiederholenden, des hieratischen Charakters einer jeden Handlung, weist auf eine ahistorische Welt hin. Abgesehen von den archaischen Kulturen, hatten wir auch (bei den Schilderungen des panamaischen und des columbianischen Urwaldes) den Zustand einer ursprünglichen Harmonie aufgedeckt, in der jegliches Streben, jegliche Zielsetzung frevelhaft erscheint. Soll dies alles uns nicht belehren und auf Gedanken hinweisen, die gleichfalls tief in unserer abendländischen Überlieferung liegen?

Geschichte – als wesentlicher Faktor des menschlichen Daseins – ist nur da nachweisbar, wo *Zeit* ist. Alle drei Momente der Zeit haben nun einen negativen Charakter: die Vergangenheit, sofern sie *nicht mehr*, die Zukunft, weil sie *noch nicht* ist, und die Gegenwart, weil sie, sobald wir sie zu fassen versuchen, bereits in das Gewesene, in das *Nicht-mehr* hinüberfließt. *Wo* weilen aber Vergangenheit und Zukunft? Offensichtlich liegt das Vergangene in der Erinnerung bzw. in den Eindrücken, die etwas in uns hinterlassen haben. Das Vergangene wäre somit das, was die Seele erleidet. So könnte auch die Zukunft aus Zeichen abgeleitet werden, die wir schon erfahren haben. Es ergäbe sich also die Gegenwart der Vergangenheit, die Gegenwart der Zukunft und die Gegenwart des Gegenwärtigen – wobei als »Gegenwart« immer ein Erfahren oder Erleiden zu verstehen wäre.

Das Wesen dessen, was unsere Erfahrungen ermöglicht, ist offensichtlich das Erwarten von etwas, das uns zu einem »Fest«-stellen führt. Was ist Erinnerung? Eine Gegenwart, die sich auf Grund einer Auf-merksamkeit vollzieht. Der lateinische Terminus für »Auf-merksamkeit« – attentio – zeigt an, wo der Akzent dieses Momentes liegt. »Adtentio« heißt: »tendere ad«, nach etwas trachten. Nur dann, wenn wir nach etwas trachten, können wir in bezug auf unser Hin-tendieren etwas »fest«-stellen. Damit erweist sich, daß wir etwas erwarten: Erwartung kann nur innerhalb einer Spannung, einer »tensio« entstehen. Die *Gegenwart der Spannung* verursacht jene Auf-merksamkeit, welche Voraussetzung für die Erwartung wie für die Erinnerung ist – *Erinnerung* als erneutes Zurückgreifen auf das, was uns im Innersten an-geht.

So ist die Geschichte des Menschen Ausdruck dessen, was ihn *ständig* (und als solches immer besteht und nie vergeht) zwingt, auf einer *Schwelle* zu stehen, von der aus er die Grenzlinien zwischen Gewähltem und Nicht-Gewähltem, zwischen Erinnertem und Vergessenem, zwischen dem Geordneten und dem Ungeordneten zieht. Von dieser Schwelle aus öffnen sich die Grenzen der Welt, in der wir leben. Der Entwurf, durch den wir von Mal zu Mal ständig dem uns *Angehenden*, uns *Spannenden* entsprechen, bildet den neuen geistigen Raum, in dem wir uns bewegen und in dem die Wege unserer Geschichte sich allmählich zeigen.

Weil der Mensch aus der Natur heraustritt und nicht

mehr in ihr geborgen ist, entwirft er Maßstäbe, auf Grund deren er seine Welt aufbaut. Dieses Werden seiner Welt ist die *Geschichte seines Geschehens*. Jene Welt, die von Mal zu Mal entworfen und wieder abgerissen wird, meint das Entsprechen oder Nichtentsprechen der Ziele, die der Mensch zu erreichen sich vornimmt. Dies bedeutet wiederum, daß zur Kenntnis des Guten wie des Bösen und daher auch zur Geschichtsschreibung vor allem eine Bestimmung des den Menschen immer Angehenden unentbehrlich ist. Ein reiner Pragmatismus ist ein reiner Skeptizismus.

Deshalb verlangt Geschichte immer den Vorentwurf eines Zieles, das den Handlungen – als ihr Maßstab – gleichzeitig Sinn verleiht und sie abgrenzt. Wird das Ziel erreicht, dann erweisen sich alle dazugehörenden Handlungen als hinfällig. So entspringt Geschichte stets aus der Deutung, die ein Volk seiner Gegenwart gibt, also aus der Kenntnis des Zieles und zugleich aus dem Bewußtsein der eigenen Vergangenheit. Bei Völkern, die sich zu diesem Bewußtsein nicht zu erheben vermögen, werden zwar Ereignisse aufweisbar sein, aber keine Geschichte – oder besser: die bloßen, zersplitterten Ereignisse bezeichnen dann eine Verfallsgeschichte. Wir nennen sie Kolonialvölker.

Geist und Geistigkeit als Ausdruck der menschlichen Fähigkeit, Welten zu entwerfen, Geschichte zu entscheiden, haben daher zwei Aspekte. Einmal weisen sie die Vielfalt der Möglichkeiten auf, von denen der Mensch seine Weltlosigkeit erfährt. Zum anderen lassen sie ihn den Zwang erleiden, Welt aufbauen *zu müssen*.

Diese zwei Aspekte zeigen den Geist und das geistige Leben als neue, nur dem Menschen zustoßende Leidenschaft; denn Leidenschaft ist ja die Eigenschaft, erleiden zu können. Die »geistige« Welt besteht also in der furchtbaren Erkenntnis, daß wir *gezwungen sind*, in einer niemals fertigen Welt zu leben: einer Welt, die wir ständig von neuem aufbauen müssen und die mit Schweiß und Opfer und unendlichen Qualen, kaum verwirklicht, sich von uns ablöst, um in das große Becken des unabänderlich Unvollendeten (imperfectum) zurückzufallen. Damit zeigt sich aber, daß der Geist, der scheinbar beliebige Maßstäbe für seine Entwürfe wählen und wieder verwerfen kann, selbst wiederum einem Maßstab unterliegt, der nun seinerseits die Entwürfe und Maßstäbe des geistigen Lebens verwirft oder bestehen läßt. Es ist der Maßstab jener *ewigen Gegenwart, die ungeschichtlichen Charakter hat, jener immer gegenwärtigen Spannung*, vor der die geschichtlichen Entwürfe des Menschen sich entweder bewähren und, solange sie sich bewähren, gegenwärtig bleiben, oder vor der sie versagen und dann ins Imperfectum gerückt werden. Nur der Blick auf diese immer gegenwärtige Spannung entscheidet über Zukunft und Vergangenheit unserer Welten, er ist der ungeschichtliche, nicht werdende Grund jener Aufmerksamkeit, durch die nur Generationen von Menschen, ja, die ganze Menschheit das Kommen und Gehen ihrer geschichtlichen Epochen wirklich erfahren kann. Denn gäbe es diese Spannung nicht – im Hinblick auf die sich nur ein Gedanke, ein Plan, ein historisches Geschehen als noch nicht, jetzt oder nicht mehr zeitgemäß erweisen kann –, so gäbe es auch keine Zeiterfahrung mehr, alles wäre gleichgültig, das immer wiederkehrende Zeichen einer zu Ende gehenden Geschichte.

Geschichte entsteht so aus der »Aufmerksamkeit« als Kennzeichen der Spannung, in die der Mensch ursprünglich gestellt ist und auf Grund deren allein Zukunft und Vergangenheit in Erscheinung treten können. Die dem Menschen ursprünglich zukommende Spannung ermöglicht die Erfahrung von etwas, als ihr entsprechend oder nicht entsprechend: Geschichte als Offenbarung, als Apokalypse. Die Anerkennung dieser Spannung ist die ständig uns bedrohende Aufgabe, ja, die Wurzel menschlichen Geschehens schlechthin.

Diese Urspannung, in der der Mensch verweilt und ruht, erfüllt die Anforderungen des Ewigen: sie ist daher eine immer gegenwärtige Ordnung ohne *Neugier*. Das Neue ist ja das, was noch nicht da war, das, was aus dem Kreislauf der ewigen Ordnung herausfällt, das, was im Hinblick auf sich nicht der Aufmerksamkeit wert ist. Wo aber der Mensch seine Aufmerksamkeit nur auf das »Neue« richtet, da löst sich seine Welt aus der Ordnung des Ewigen, und so ist Neugier ein Zeichen des ansetzenden Unwesentlichen. Jede Geschichtsschreibung, jedes geschichtliche Interesse, jeder Bericht, der nur auf das Neue bedacht ist, vergißt den wirklichen Grund der Geschichte und trägt zu einer Verfallsgeschichte bei.

Wir hatten schon Gelegenheit, darauf hinzuweisen, daß jede mythische Welt – der wir so oft im anderen Kontinent begegneten – jegliche Momente der Wirklichkeit in ihrer immer wiederkehrenden Bedeutung zu offenbaren vermag, und weil Mythos die Offenbarung des immer Identischen schlechthin ist, ist er zugleich Kampf gegen die geschichtliche Zeit. Jeder Akt innerhalb der mythischen Welt erhält daher die Bedeutung einer hieratischen Handlung: diese verankert das Alltägliche in der ursprünglichen, immer anwesenden Bindung. Jede heilige Geschichte ist Leugnung des Neuen. Deshalb erinnern wir an die Tatsache, daß auch das religiöse Jahr der Christen die Wiederholung des Identischen, des Wesentlichen darstellt, durch welches die Erlösung des Menschen vollbracht wird: das *ewige* Jahr. Von hier aus wird zum Beispiel verständlich, daß Apokalypse – als letzte Offenbarung – die Verneinung der *neugierigen Geschichte* bedeutet und den Anbruch der ewigen Wirklichkeit des Menschen verkündet.

Kann aber menschliches Geschehen jemals der Versuch sein, in ewiger Wiederholung das »Fest des Identischen« zu feiern, um somit selbst Kampf gegen die Neugierde zu werden? Ich glaube, daß hier der Schlüssel zu dem Sinn unserer geschilderten Erfahrungen liegt. Es ist eine Auffassung, die wir modernen Menschen zumeist vergessen oder mißverstanden haben.

Wir hatten genügend Gelegenheit, zu bemerken, daß der Mensch in den sinnlichen Phänomenen nicht aufgeht. Beweis dafür ist, daß er zusätzlich ständig »unzeitgemäßen« Trieben unterliegt: er erfährt sie stets entweder als zu spät oder zu früh. Was aber kann dann Ziel des Geschehens sein, das er als Mensch anstrebt? Im unaufhaltsamen Wandel der Einzelfälle muß er das *Identische*, das *Stete* zu verwirklichen trachten. Er muß das, was ihn ursprünglich bindet, offenbaren: dies ist die Apokalypse in der Zeit, dies sein Kampf gegen das Neue, gegen die Gier nach dem Neuen.

Dies ist die Bedeutung jener »Mitte der Zeit«, von der uns F. v. Baader spricht und die er als Ziel des menschlichen Wirkens erkennt. »Nur auf solche Weise erhält man sich in der *Mitte jeder Zeit*, das ist, über ihm (dem Zeitgeist) oder zeitfrei, und vermag den notwendig in und mit der Zeit fortgehenden Streit zwischen Vergangenheit und Zukunft, zwischen Altem und Neuem sowie jenen des Guten und Schlechten, in den Schranken eines Rechtsstreites oder Prozesses ... zu halten, und seinen Ausbruch in einen rechtlosen und rechtswidrigen ... Zustand zu verhüten.«

Jedes Ende einer Welt wurzelt in der Neugierde, die das Beständige übersieht, im Historisieren, in der Zerstreuung, im Nachlassen der *Urspannung*, die unsere wesentliche Aufmerksamkeit erschlaffen läßt. Die moderne Welt mit ihrer Raserei zum Neuen führt die eigene Apokalyptik durch: die Offenbarung ihrer Nichtigkeit.

Da diese Betrachtungen und Erfahrungen nur auf Grund unserer abendländischen Tradition und Bildung möglich waren, so sei es gerade einem Italiener gestattet, daran zu erinnern, daß auch Dante sich am Ende einer Welt wußte – des Mittelalters –, weil sie das Identische schon nicht mehr zu bewahren vermochte. Er empfand sich in dieser mittelalterlichen Welt bereits als ein Emigrant, der von sich sagen konnte: »In der Tat war ich ein Schiff ohne Segel und ohne Steuerrad, das durch den trockenen Wind, der die schmerzhafte Armut beschwört, zu den verschiedenen Häfen, Mündungen und Ufern getrieben worden ist.« – »Veramente io sono stato legno senza velo e senza governo, portato a diversi porti e foci e liti dal vento secco che vapora la dolorosa povertade.« Kaiser und Päpste verstanden seine Worte und Hilferufe nicht. Auch unsere Welt ist keine religiöse mehr, und daher treibt sie zur profanen Neugier, zu jenem Historisieren, das auch die Geisteswissenschaften schon überwuchert. Bewahren wir nicht die Urspannung, aus der unsere Tradition entstand, so werden auch wir nur noch Emigranten sein.

VII

Die entfremdende Gesellschaft

1. Die zerstörte Kulisse

Die Zeit rinnt unerbittlich: Die Erinnerungen vermehren sich, sie bedecken mit ihren Schatten die aktuelle Realität, die unfaßbar wird. Wenn aber die Erinnerungen, als sich ausbreitende Zone der Vergangenheit, immer umgreifender werden und die Realität auflösen, drängt sich das Ende: Teuer sind dann die Gefährten des gelebten Traumes. Die schwungvolle Begeisterung steht einem nicht mehr zu: allein eine innere schwache Widerspiegelung überwundener Illusionen: steriles Stottern in der Einsamkeit? Es ist die Zeit, in der mehr mit den Toten als mit den Lebenden gesprochen wird.

Ist es so, daß die Schatten der Vergangenheit über die Wirklichkeit gleiten und ihr allmählich den fremden Stempel der Irrealität aufdrücken? Zeichnen die Spuren der Erinnerungen den Rand dessen ab, was die Realität war, jene Realität, die sich in der derzeitigen Stunde um uns kristallisiert und in festgefügten Formen verwelkt? Sind wir in unseren Grenzen einbalsamiert, bereits vor dem Ende gestorbene Lebende?

Aber die Reise geht weiter: Ich schleiche in neue Situationen, oder eigentlich schmiegen sich diese Situationen – wie sanfte Decken – an einen an: Wir können sie nicht zurechtziehen, denn ihr unheimliches Schwingen hat einen eigenen Rhythmus: In der Reglosigkeit der Erwartung entstehen die Bilder, wie den Kindern in den abenddämmernden Märchenerzählungen. Die Erwartung des Unvoraussehbaren entspricht jener, die bei den Theaterproben pocht: der Genuß an der sich entfaltenden Regie schärft Auge und Ohr für die Worte, die Aufmerksamkeit reguliert die Einstellung der geistigen Lupe: hier und jetzt die Regie des Lebens.

Schichten der Geschichte kommen von weitem angeschwommen, Fragmente eines Schiffbruches, einer Vergangenheit und einer uns schon bekannten, aber hier noch nicht eingetroffenen Zukunft. Schichten der Vergangenheit: gesellschaftliche Strukturen, soziale Verhältnisse, gültige Hierarchien, die in Europa schon längst untergegangen sind; Schichten der Zukunft: soziale Formen der industriellen Gesellschaft, die die in ihnen keimenden Gefahren noch verbergen, schieben sich vor; das Böse schleicht heran wie ein der Zukunft trächtiges Gift. Die Proletarisierung durch die Industrie scheint zunächst noch ein Fortschritt zu sein, aber die Entfremdung lauert schon, kann nur noch nicht ausbrechen, weil der humane Grund der erlebten Geschichte noch mächtig ist: Brasilien.

Am Rande von São Paulo – in einer Oase von Grün – die letzten Fetzen von Urwald: die Schichten von Grün wuchern in sich überschlagenden Wellen. Die alte koloniale »Fazenda« liegt im wogenden Schatten der riesigen Bäume, im schillernden, durchhellten Reflex des Teiches, dessen leichte Wellen sich auf der Wand der Holzveranda widerspiegeln. Als ich vor zwanzig Jahren das letzte Mal hierherkam, sah diese Gegend noch verhältnismäßig intakt aus. Das Grün schlug noch überall ungestört seine wuchtigen Triebe, und die Stadt mit ihrem hastenden Atem lag weit weg. In dieses Grün – so üppig, so überwuchernd – ragte die menschliche Phantasie mit dem Entwurf von Kolonialbesitz ohne Bruch gegenüber der Natur: Die Phantasie war Fortsetzung der Natur, ein weites Blühen der Realität in menschlichen Formen, organisch, letzter Sproß des Lebenswillens, neue Arabeske, durch die die Welt der Vorstellung die Schatten, die Düfte, die Farben, die Spiele des Lichtes, das Kreischen der Vögel in sich einbezog; die Kolonialzeichnungen des 18. Jahrhunderts berichten davon. Alles Sinnliche – Düfte, Farben, die Feuchtigkeit der Luft, das Atmen zwischen Licht und Schatten – war Stoff für neue menschliche Entwürfe: nicht Spiel, denn es war eine Weise, die Welt zu konzipieren und aufzubauen.

War es wirklich so? Und heute? Hinter dem Hügel, der noch wie ein Fels vom Strom der Vegetation überspült wird, tritt, sobald man diesen Horizont der Natur – die beinahe zur Kulisse reduziert ist – überschreitet, die rote, blutige Erde hervor, die die menschlichen, barbarischen Verwüstungen in Südamerika begleitet. Die klaffende Wunde der Erderosion, der ungedämmte Fluß der Proletarisierung: diese »Wahrheiten« stehen den Bildern der menschlichen Phantasie gegenüber, pragmatische Wahrheiten, die keinen Kosmos zulassen, reine Zerstörungen, welche eine in die Erde sich einkrallende Armut beschwören; sie bezeugen die Gier, die stets dann die Wurzel der menschlichen Tat ausmacht, wenn sie nicht mehr von der Phantasie, sondern nur noch von der Sucht nach Besitz beherrscht ist.

Phantasie der Kolonialzeit und heutige technische Realität: verharmlosen oder romantisieren wir mit dieser Dualität nicht die geschichtliche Realität? Denken wir daran, daß die Kolonialzeit aus der grausamen Gier des Menschen entsteht, die – wie Vico sich ausdrückt – den Staat als »Kothaufen des Romulus« schafft.

Der Urwald – der sich wie ein Amphitheater um mich rundet – erhält nun eine neue Bedeutung: Die Schatten legen sich tiefer, die Schwüle läßt nach, und die Natur erscheint unheimlich als Symbol des Lebens in seiner siegenden Grausamkeit und seinem Willen zur Macht. Gier und Phantasie verwandeln die Natur und rücken sie auf eine neue Ebene, als Bühne für das ungeheuerliche Wesen, das der Mensch ist: Schauspieler seiner erlebten und erdichteten Geschichten, Dramen, Handlungen, die zu Fragen über den Sinn dieses Taumelns zwingen. Trunkenheit des Lebens mit dem unverkennbaren Geschmack des Unerwarteten, des Undeduzierbaren.

Was ist die unbarmherzige und pragmatische Quelle der Geschichte? Die sozialen, die politischen, die juristischen Einordnungen, die Phantasie, die Ideologien?

2. Die Zersetzung der Einheit von Arbeit und Phantasie

Man hat behauptet, daß die Entstehung der Geschichte in der Praxis ihren Grund habe, in jenem Handlungsprozeß, durch den der Mensch zur Gestaltung seiner Welt gelangt: Das Wesen dieser Praxis bestehe in der Vermittlung der Natur, um sie den eigenen Bedürfnissen des Vermittlers zu unterwerfen: Gemeint ist die Arbeit.

Diese These wurde gegen jene apriorischen, rationalistischen Versuche aufgestellt, das Werden der menschlichen Welt aus einem dialektischen Prozeß von Ideen abzuleiten. Arbeit ist allerdings nicht allein für das Wesen des Menschen bestimmend: Jedes Lebewesen vermittelt die Realität, in der es sich befindet, um sich die eigene Nahrung und die Rettung der eigenen Gattung zu sichern; dadurch erhält die Realität im Hinblick auf das jeweilige Lebewesen überhaupt erst eine Bedeutung. Die Arbeit des Tieres – als Überwindung der Unmittelbarkeit der Natur – erweist sich als Übertragung einer Bedeutung auf die Natur: Arbeit, so verstanden, ist stets auf jeder Ebene ein »Metapherein«, ein Übertragungsprozeß.

Sind dem Tier die Grundbedeutungen (Grundformen), die es den Sinneserscheinungen überträgt, angeboren, so muß der Mensch diese Grundgestalten erst suchen; er ist gegenüber der Natur »frei«. Die menschliche Arbeit ist ein bewußter Entwurf von Zielen; sie ist die Einsicht der Mittel, die dazu führen, »freie« Arbeit. Ungeschichtlichkeit des Tieres, Geschichtlichkeit der menschlichen Welt.

Diese schöpferische Tätigkeit setzt zwei wesentliche Fähigkeiten voraus: Ingenium und Phantasie. Wer wissen will, ob ein gegebener Stoff sich dazu eignet, ein bestimmtes Ziel zu erreichen (nur in dieser Weise tritt der »Stoff« für den Menschen mit einer Bedeutung auf), muß zuerst die Beziehung, die Analogie zwischen »Stoff« (Mittel) und »Form« (Ziel der Handlung) erkennen. Die Beziehung zwischen Dampf und Fortbewegung konnte vom Erfinder der ersten Dampfmaschine nur durch die Einsicht der Beziehung zwischen zwei untereinander anscheinend total fremden Phänomenen erblickt werden. Die Fähigkeit, Beziehungen zu »finden« (»inventive« Fähigkeit), wird traditionsgemäß »ingenium« genannt – im Unterschied zur rationalen Fähigkeit, die stets aus bereits gegebenen, weil schon »gefundenen« Prämissen Schlüsse zieht. Das Ingenium ist die schlechthinnige Voraussetzung für jegliche Übertragung, die die Phantasie vollzieht: Die Phantasie bekundet die Freiheit des Menschen. Allein durch ihre Anregung kann die stufenweise Bezwingung und Verwandlung der Natur in einem sinnvollen Zusammenhang geschehen: Überwindung des Chaos.

Wird die ingeniöse Tätigkeit mit dem »Witz« identifiziert – wie es Jean Paul tat, als er die altdeutsche Bedeutung von »witzig« aufgriff: »witzig« ist jener Mensch, der »weiß« –, so darf behauptet werden, daß der Witz das Wesen der menschlichen Arbeit ausmacht: Er ist schlechthin die Quelle des menschlichen Werdens und seines Geschehens. »Vom Feuer zum Brennholz daneben zu gelangen, ist derselbe Sprung vonnöten – wozu die Füße des Affen nicht hinreichen –, der von den Funken des Katzenfells zu den Funken der Wetterwolke auffliegt.«

Eben auf Grund der Einsicht von Ähnlichkeiten übertrugen die primitiven Völker die Natur in ein phantastisches Bezugssystem und vermochten ihr menschliche Bedeutung zu verleihen. Arbeit und

Phantasie sind die untrennbaren Komponenten der menschlichen Welt.

Claudio Villas-Boas, der mit seinen Brüdern Orlando und Leonardo seit Jahren das Schicksal der brasilianischen Indios erforscht und in der Basis Cachimbo im Amazonasgebiet lebt, um von dort aus den Kontakt mit den Indios zu bewahren, bezeugt in seinen Berichten die Auflösung jener ethnischen Gruppen und sozialen Gemeinschaften durch die zerstörende Macht der technischen Welt. Er behauptet – was bereits auch durch die Expeditionen von Lévy-Strauss bekannt wurde –, daß jenen Bevölkerungsgruppen keine Möglichkeit gewährt wird, das eigene Schicksal zu lenken; sie sind dem ökonomischen und gesellschaftlichen Prozeß der Industrialisierung, der rapiden kapitalistischen wie technologischen Entfaltung Brasiliens wehrlos unterworfen; sie stehen am Rand dessen, was den Keim der heutigen Konsumgesellschaft bildet, und sie werden von dieser Gesellschaft vernichtet. Die sehr unterschiedlichen Versuche, die sozialen und kulturellen Strukturen der Urbevölkerung in die abendländische Welt zu integrieren, sind undurchführbar, ja kriminell.

Vor der Entdeckung und Eroberung Brasiliens befanden sich die Indios in einem glücklichen – weil authentischen und autonomen –, ihren Bedürfnissen gemäßen Zustand. Sie lebten innerhalb der Einfachheit eines der »Phantasie« entsprungenen Wertsystems, das einzig durch die Motive und die treibenden Kräfte ihrer traditionsgebundenen Kultur und durch ihr spontanes Verhältnis zur Natur und zur Arbeit bestimmt war. Die Entdeckung des Amazonasgebietes durch die Portugiesen öffnete die Tore für völlig fremde ökonomische, soziale und kulturelle Elemente, gegenüber denen die Indios völlig wehrlos waren: Die alte Stabilität ihrer autochthonen Strukturen wurde aufgelöst. Ein Volk, das sich selbst genügte, das der eigenen Menschlichkeit, der eigenen Gesellschaftsstruktur bewußt war, wurde vernichtet. Diese Bevölkerung wurde – ob sie es wollte oder nicht – in das Werk der Eindringlinge verwickelt und von ihm zermalmt.

Die portugiesischen Conquistadores – ebenso wie seinerzeit die Spanier in Peru und Mexiko und heutzutage die technische Konsumgesellschaft – folgten, obwohl sie Religion, Humanismus und Fortschritt auf ihren Schild geschrieben hatten, faktisch keinerlei höherem Ideal als allein der wilden Gier nach unkontrollierter Besitznahme der brachliegenden Güter: Auch heute noch scheint nur der leichte Weg der Entmenschlichung der fremdartigen Bevölkerung offenzustehen. Die Indios erleben wehrlos die auflösende Wirkung der abendländischen »Kultur«, am stärksten, wenn ihnen die Verlockungen des Fortschrittes vorgegaukelt werden.

In einer instinktiven Reaktion schirmte sich die Bevölkerung, die ursprünglich die Gebiete der Küste bewohnte, gegen das Eindringen der »Zivilisation« dadurch ab, daß sie sich hartnäckig von ihr entfernte. So aber geriet sie in die Situation der Verfolgten; das schließt ein: zurückweichen erst vor den »Bandeirantes«, dann nicht minder – obwohl unter anderen Vorzeichen – vor den engstirnigen, sehr oft pietätlosen, fanatischen Missionsbrüdern gestern und vor der Konsumgesellschaft heute. Somit steht die Urbevölkerung all dem, was die Antriebe des heutigen technologischen Ideals der Zivilisation bildet, fremd und mißtrauisch gegenüber.

Das harmonische Schicksal der Urbevölkerung

wurzelte in ihrer phantastischen und geschlossenen Auffassung ihres Kosmos; hier erhielt ihre Vermittlung der Natur, ihre gesellschaftliche und moralische Struktur, ihren Sinn; hier entstand ihre mythische »Humanisierung« der Natur. Die Integration eines fremden Volkes ist nur möglich, wenn man seinen selbständigen Kosmos weiter walten läßt.

3. Leben als Wille zur Macht

Um die Hochebene breitet sich wie ein Meer die Trostlosigkeit der Einsamkeit: In ihr kristallisiert sich die Stadt der Zukunft: Brasilia. An ihren Grenzen erheben sich im Sturm rote Sandwirbel; in den Gewittern schweben ferne Vorhänge von tropischen Regengüssen. Diese Stadt verwirklicht den letzten Traum, in dem alle Lebensregungen nach den Schemata der abstrakten Architektur geregelt und vorgezeichnet werden. Die gesteigerte Rationalität sperrt den Weg der Phantasie, sterilisiert das Leben, beseitigt sorgsam das Zufällige, das Überraschende, das Verwunderliche: Ein jeder darf sich nur noch in die eigene numerierte Höhle begeben; jedes Viertel der Stadt ist einer bestimmten sozialen Klasse zugewiesen. Betritt man nachts am Rande der Stadt einen Rasen, wo das Zirpen einer Grille vernehmbar ist, so scheint dieses Geräusch plötzlich, wenn auch nur für eine ganz kurze Weile, von einem anderen Planeten auf die Erde zu gelangen.

Funktionell, durchkalkuliert, vorberechnet verschlägt die Stadt einem den Atem: in wenigen Jahren aus dem Boden gestampft, ein geometrischer irrealer Kristall in einem Meer von Sand, von Urwald, der nicht zum Wachsen gelangt (cerrado); diese rationale Fiktion wird von den niederen Wogen jenes Meeres getragen, derart, daß keine Kontinuität zwischen der Natur und dieser unheimlichen Realität zustande kommt: Es ist diese Unverbundenheit, dieser Schnitt, der einen kalten, grausamen Schrecken beschwört.

Gegenstück dazu: es fällt der Vorhang vor dieser Stadt der Zukunft: unter tropischem Regen – in dem Bäume, Hütten, Tiere gespenstisch wegschwimmen – gelangt man in die frühere Kolonialhauptstadt des

Gebiets von Minas Gerais: Ouro Preto, »Schwarzes Gold«. In der warmen Nacht atmen die toten portugiesischen Häuser und Paläste des 17. und 18. Jahrhunderts. Die alte Stadt lebt nur noch durch die sich verschiebenden Kulissen der Häuser, der Vorhöfe, der Schatten der schweren manieristischen Barockkirchen. Im schillernden Licht der alten Lampions wird man gewahr, daß die Stadt auf Hügeln erbaut ist; strenge, enge Gassen gehen hinauf und hinunter; hinter den Mauern liegt die weite Melancholie der Vergangenheit, einer zu Ende gegangenen Geschichte: erstarrtes Leben!

In der Sakristei einer Franziskanerkirche umarmt ein ans Kreuz genagelter Christus mit dem freien Arm den heiligen Franziskus: Voller Staunen wundert sich der gläserne Blick des fiebernden Sterbenden über die Menschlichkeit des anderen: vergangene Geschichte, die im Samt der Nacht ein gespenstisches, erstarrtes Drama spielt.

Das Wunder dieser Stadt ist aus der Sucht nach Gold, nach Smaragden – die hier entdeckt und ausgegraben wurden – entstanden; die Natur hier, ihre ursprünglichen Bewohner wurden mit Feuer, durch Mord, durch Versklavung vernichtet. Die enge Beziehung zwischen blindem Willen zur Macht und geistiger Schöpfung, die den erhaltenen Werken einen Hintergrund von Blut und die Kälte des Todes verleiht, wird hier auf einer silbernen Opferschale dargeboten. Die Bananenbäume, die Mangos ragen hinter den Höfen der kleinen Gärten auf: Fäulnisgeruch, Düfte von Blumen kleben an der unsichtbaren Mauer der Nacht; das Zirpen der Grillen verleiht den stillen Gassen eine tönende Hochspannung, die auf dem Kopfsteinpflaster der Treppen leuchtet und die in der Härte der einsamen Schritte die leisen Töne in Stahl verwandelt. Man ist hier, um bei diesem einmaligen Begräbnis Blumen auf den unbarmherzigen Sarg der Stadt zu streuen.

Die Gliederung der schweren barocken Kirche: aus riesigen Steinplatten setzt sich der kalte, fließende Boden zusammen; der Altar als Grotte, in der die Phantasie des Alejadinho die Heiligen, die Engel, die Menschen wie im Wahnsinn des Fiebers vermehrt hat: Schwarz, Blau, Grün, Gelb und das herrschende Gold, stilisierte Wolken, in denen die nischenartigen Altäre geborgen sind. An den Sakristeitüren Gouachenmalerei, Chinoiserien – Reminiszenzen der Franziskaner, die in China waren: alles unmuseal, da alles im Schrecken des Todes, im Zeichen des menschlichen Schicksals steht: herrschend der dunkle Palisander, schwarzes Ebenholz, von den Brasilianern »Negerherz«, »coraçon de negro« genannt.

Draußen die Hügel im Schleier des nächtlichen Schimmers und auf ihnen das giftige gepreßte Grün: darüber der von Wolken gequälte Himmel. Das Theatralische der natürlichen Beleuchtung bringt nahe, entfernt, rückt auseinander, was der Nebel auflöst.

Einige historische Angaben, die das skizzierte Bild und unsere Fragen zum Verlauf der geschichtlichen Ereignisse in Relation bringen: der Mikrokosmos des Willens zur Macht! Am Ende des 17. Jahrhunderts war das Gebiet – das später der Staat von Minas Gerais werden sollte – noch von Indianern bevölkerter Urwald (sertão). Das eroberte Land lieferte an Portugal nur land- und forstwirtschaftliche Produkte, vor allem kostbares Holz. Aus diesem Grund fühlte sich Portugal gegenüber Spanien frustriert, da die Kolonie bis dahin noch kein Gold eingebracht hatte, während sich die Spanier bereits die Schätze der aztekischen und inkaischen Tempel als Beute angeeignet hatten. Aber fabelhafte, mythische Schilderungen zirkulierten über Schätze, die in den unbekannten Gebieten nördlich von São Paulo liegen sollten.

Das Gebiet von São Paulo selbst ist arm an Bodenschätzen: seine Bewohner aber schaffen mit ihrem eroberischen Geist die ersten Expeditionen (resgate). Um sich die erwähnten sagenhaften Reichtümer anzueignen, befiehlt Alphons VI. die Bildung einer ersten Expedition, die die Quellen der verborgenen Schätze entdecken soll. An dieser Expedition – »Bandeira« – nehmen Frauen, Kinder, Indios, Mestizen und Portugiesen teil; zum Tode verurteilte Häuptlinge sind die Vermittler zwischen den Portugiesen und den Indios. Dem Expeditionsleiter Hauptmann Ferñao Dias Paes Leme verleiht der König im *voraus* den Titel »Hauptmann der Minen und Smaragden«.

Am 21. Juli 1674 verlassen die »bandeirantes« des Ferñao Dias die Stadt São Paulo, sie geraten aber bald in äußerste Not. Der Führer muß den eigenen Sohn wegen Verrats zum Tode verurteilen; durch Krankheiten, Mühen, Erschöpfungen schrumpft allmählich die Expeditionstruppe auf wenige Teilnehmer zusammen, die weder Gold noch Silber finden, nur einige grüne Steine, die irrtümlicherweise für Smaragden gehalten werden, aber Aquamarine waren.

Immerhin hat Ferñao Dias den Weg der späteren »bandeiras« und die Verbindung zwischen São Paulo, Rio und Bahia eröffnet. Der triumphale Rückzug nach São Paulo wird zum Leichenzug: Der Führer der Expedition erliegt dem Fieber. Die kleine Truppe, die seine Gebeine mitführt, stößt auf eine neue, von der Personenzahl her sehr viel größere Expedition, die von Don Rodriguez de Castelo Branco geführt wird, der ebenfalls im Namen des Königs bereits den Titel des Generalverwalters erhalten hat.

1681 schließt sich Borba Gato, der Schwiegersohn des ersten Heros, den Truppen von Don Rodrigo an, obwohl er ihn als einen Usurpator betrachtet: Er ermordet ihn später. Um sich der Strafe zu entziehen, taucht er unter. Erst zwanzig Jahre später (1700) gibt er – um das eigene Leben zu retten – den Ort der Minen an, den er selbst zufällig entdeckt und geheimgehalten hatte. Mühselige Kämpfe, Mord und Verrat stehen am Anfang der Geschichte der Minas Gerais.

Die Nachrichten über die gefundenen Schätze sikkern allmählich durch. Die »Paulisten« organisieren weitere Expeditionen: Ein rasender Wahnsinn bricht aus. Soldaten, Funktionäre desertieren; die Mannschaften der Schiffe, die in Rio und Bahia ankommen, verlassen ihre Einheiten; die Mönche fliehen aus den Klöstern; die Sklaven der Zuckerplantagen vereinigen sich zu größeren Gruppen, plündern, vergewaltigen und massakrieren, so daß bewaffnete Truppen gegen sie organisiert werden.

Die Auswanderungswelle von Portugal nach Brasilien wächst dermaßen, daß Portugal Gefahr läuft, entvölkert zu werden. Deshalb wird 1709 bis 1711 jegliche Ausreise nach Amerika ohne besondere Genehmigung untersagt. Der Schwarzhandel mit Pässen und die Organisation geheimer Transporte blühen. In denselben Jahren veröffentlicht der Florentiner Pater Antonil einen Bericht »Cultura e opulencia do Brasil por suas Drogas e Minas«. Diese Schilderung des Reichtums von Brasilien steigert abermals die allgemeine Gier. Der König befiehlt, die Veröffentlichung zu vernichten, und verbietet jeglichen weiteren Bericht. Der Zugang zum Gebiet der Minen wird streng untersagt und erst zu Beginn des 19. Jahrhunderts freigegeben. Franzosen, Engländer, Deutsche beeilten sich, die von Fabeln umwitterten Gebiete zu besuchen, allerdings in einer Zeit, als ihr Reichtum bereits eine Erinnerung geworden war.

Immerhin erreichte die Emigration von Portugal nach Brasilien derartige Ausmaße, daß in weniger als hundert Jahren die portugiesische Bevölkerung, die damals durchschnittlich zwei Millionen Einwohner betrug, achthunderttausend Auswanderer lieferte. Sie gründeten im neuen Kontinent kleine Niederlassungen, genannt »arraiais«, was in Portugal die Pilgeransammlungen in der Nähe von Sanktuarien bezeichnete. Diese Pioniere mußten aber das gewonnene Gold mit Waffen gegen Räuber verteidigen.

Um solche Konflikte einzudämmen, richtet die königliche Regierung eine strenge Verwaltung ein: Das Gebiet, in dem Diamanten gefunden wurden (Diamantina), erhält eine besondere Absperrung, und die Minen werden zum Eigentum des Königs erklärt. Jeder private Diamantenhandel wird als Hochverbrechen bestraft. Die Hauptverwaltungszentren werden von São Paulo wegverlegt, neue Städte gegründet, unter anderem Sabarà und Ouro Preto, als Sitz der Regierung. Da jede andere Tätigkeit außer der Goldgewinnung im Namen des Königs streng untersagt ist, muß die Provinz ihre Lebensmittel importieren, und diesen Import behält sich Portugal vor. Der sich verbreitende Reichtum beginnt um 1720 und erreicht seine Höhe um 1750. Dieser Glanz ist von kurzer Dauer, denn die empirische Methode für den Gewinn des Goldes, die Vernichtung der Wälder, um die Gesteine leichter zu erreichen, führt zum Versiegen des Wassers, das für das Waschen des Metalls notwendig war. Das gestörte ökologische Gleichgewicht beeinflußt wiederum negativ die ökonomische Lage, die ihrerseits politische Folgen hat. Im Jahre 1770 berichtet der Gouverneur von Minas Gerais dem König über den Verfall der

Goldminen. Als Folge der von ihm angeordneten Steuererhöhung bildet sich im Jahre 1788 die sogenannte Verschwörung der »Inconfidencia«, die aus Offizieren, Intellektuellen, Priestern besteht: Sie alle streben nach der Unabhängigkeit Brasiliens.

Die soziale Struktur wird überdacht vom Adel, der vorwiegend von portugiesischen Militärs oder Funktionären abstammt: Er verhält sich dem Leben des Landes gegenüber meistens fremd. Die weitere herrschende Klasse besteht aus den »senhores de lavra«, aus jenen, die über Minenkonzessionen verfügen und die Exponenten des lokalen Reichtums darstellen; es folgen die handeltreibenden Unternehmer und schließlich die Arbeiter, weiße und farbige. Den Weißen ist es zuzuschreiben, daß ein Geist der intellektuellen Befreiung aufkommt; die Farbigen, die zur Freiheit gelangen, sind ihrerseits stolz und sich ihrer Rechte bewußt: Ihre Leidenschaftlichkeit und Sinnlichkeit führten sie zu einem groben Mystizismus voller Aberglauben, der die barocke Atmosphäre der Minas im 18. Jahrhundert bestimmt.

Das Goldfieber erfaßt in der ersten Hälfte des 18. Jahrhunderts auch die Kirche: Die Bistümer von Bahia, Rio und Pernambuco erheben den Anspruch auf die reichen Gebiete, so daß der Papst sich gezwungen sieht, in der Stadt Mariana einen Bischof (1745) einzusetzen, der die verschiedenen und einander bekämpfenden Ansprüche kontrolliert. Um die vom Goldfieber ausgelöste Flucht der Mönche aus den Klöstern einzudämmen, verbietet die Kirche strengstens, weitere Klöster in Minas Gerais zu gründen, sie verbietet selbst den Aufenthalt von Priestern und Jesuiten: Allein die Pfarrer dürfen sich in den ihnen zustehenden Pfarreien aufhalten. Innerhalb der christlichen Gemeinden versammelt sich die Bevölkerung in Bruderschaften; es entwickeln sich regelrechte Klubs für alle Klassen: das Militär, die Priester, die Handwerker, die Farbigen; es bilden sich Kreise, zwischen denen künstlerische Rivalitäten entstehen. Die Zünfte organisieren sich nach den mittelalterlichen Regeln, die in Lissabon 1573 festgelegt wurden!

In dieser Zeit blüht die Kunst auf, was beträchtliche finanzielle Mittel voraussetzt. Kunst als aus dem Volk entstandener künstlerischer Ausdruck: Es ist die Blüte des kolonialen portugiesischen Rokoko, das seinen höchsten Ausdruck im Künstler Alejadinho findet.

Die Neger trugen mit ihrer Leidenschaft für den Tanz, für den Rhythmus, für die Musik in Ouro Preto entscheidend zur Entfaltung der Feste bei. Die Neger der Gemeinde des Rosenkranzes von Ouro Preto veranstalten berühmte Prozessionen, von denen uns ein Bericht aus dem Jahre 1734 einen genauen Eindruck liefert. Sechs Tage lang dauern dic Feuerwerke, die Tänze, die Maskenzüge mit den verschiedenen Darstellungen aus der Geschichte und der Mythologie: vier Reiter symbolisieren die Windrose; sie sind »vestidos a tragica«, ihre Kleider sind mit Gold und Silber bestickt, mit Diamanten und bunten Federn geschmückt; ihnen folgen weitere Reiter, die die zwei Haupthügel, auf denen Ouro Preto gebaut ist, darstellen; danach erscheinen die Repräsentanten des planetarischen Systems: Mars, Merkur, Sonne, Jupiter, alle in glitzernden Kostümen. Die Feuerwerke beleuchten die Hügel; in den letzten drei Tagen finden Reiterturniere statt, »corridas« (touro da tarde); nachts werden Komödien aufgeführt.

Die Mythen blühen: wie jener Mythos des afrikanischen Königs, Francisco genannt, der nach Ouro Preto verschleppt und mit seiner ganzen Gefolgschaft als Sklave verkauft wird. Er arbeitet, um die Freiheit seiner Söhne zu erlangen. Als er sein Ziel erreicht hat, bildet er mit seiner Sippe einen kleinen Hof: er selbst als König, seine Frau als Königin, sein Sohn als Prinz, seine Tante als Prinzessin. Die Legende erzählt, daß die Kirche von Santa Efigenia mit dem Gold gebaut wurde, das die Negerinnen der Minen in den Weihbekken hinterließen, in denen sie ihre Haare wuschen. Dieser Legende nach begab sich der »kleine König«, der »chico rey«, am Dreikönigstag mit seiner Familie im Hofstaat in die Kirche von Santa Efigenia, während das Volk in die dunklen Gassen von Ouro Preto mit afrikanischen Instrumenten ausschwärmte.

4. Die Machtlosigkeit der Abstraktion

Warum bannt uns gerade dieser kulturhistorische Mikrokosmos so stark? Weil sich in ihm die ewige Wiederkehr der Geschichte spiegelt: die Wechselbeziehung zwischen ökonomischen Faktoren und politischen Institutionen, die wiederum in einem dialektischen Verhältnis zu den ökologischen Gegebenheiten stehen; Arbeit, Ausbeutung, Reichtum, Phantasie und die Sehnsucht nach verlorenen Welten, geschichtliche Entwicklung, Revolution – Motive, die unter anderen Vorzeichen sich in der heutigen industriellen und kapitalistischen Ausbeutung dieses Landes wiederholen: die Entfremdung einer Welt.

In diesem Zusammenhang möchten wir auf die uns sehr aktuell erscheinenden Theorien des Neapolitaners Carlo Pisacane verweisen; er war Zeitgenosse von Marx, den er aber nicht kannte. Pisacane behauptet, daß die Geschichte nicht von Ideen, von Philosophien, sondern von den menschlichen Bedürfnissen, von ökonomischen, sozialen Zuständen angetrieben und beherrscht wird. Jener Neapolitaner – zunächst bourbonischer Offizier, später Revolutionär, der in Sapri gegen die Bourbonen als Freischärler kämpfte und starb – erkennt, trotz der italienischen Situation in der Mitte des 19. Jahrhunderts, die noch unberührt war von irgendwelchen Industrialisierungsformen, den Vorrang der Praxis: »Die Idee, der Begriff beherrschen sicherlich das Schicksal der Völker, aber sie sind selbst eine Folge der Tatsachen und verwirklichen sich nur auf Grund von Revolutionen, die durch die Macht der Waffen vollzogen werden: Das Volk greift niemals zur Gewalt, weil es von einem Begriff geleitet wird, sondern weil es von Leiden bedrängt ist. Was sind wohl Ideen ohne Revolution, ohne Krieg, der zum Sieg führt? Ein Nichts.« Sämtliche Veränderungen, die jemals stattgefunden haben und in Zukunft noch stattfinden werden, haben dieselbe treibende Kraft als Ursache: die materiellen Bedürfnisse des Volkes.

Die Philosophie kommt nach der Praxis: Jene muß das, was sich in dieser ankündigt, herausdestillieren und offensichtlich machen. Pisacane weist darauf hin, daß alle Philosophen, von Plato bis Hegel, die Idee, die Logik als Regel und Wurzel der menschlichen Beziehungen in den Vordergrund stellen. Aus den Ideen entwickeln sie ihre Deduktionen; aber der Grundmangel einer solchen Auffassung besteht darin, daß jene Ideen nur durch das Denken, ganz abstrakt und unabhängig von den konkreten Geschehnissen, entwickelt werden. Derartige Abstraktionen sind nur von kurzer Dauer, denn die konkrete Realität erreicht sehr bald ihre Macht, und die Vernunft wird sich nur nachträglich mit ihren Begriffen in die Tatsachen einschleichen: Die Schlüsse, als Ergebnisse rationaler Vorgänge, müssen sich den Bedingungen der Völker, auf die sie angewendet werden, fügen. »Dies genügt, um zu beweisen, wie absurd die Vorstellung ist, daß die Revolutionen, die sozialen Veränderungen sich erst im Gebiet des Gedankens und nachträglich in der Realität vollziehen: sie sind die Folge von ökonomischen Bedingungen, von menschlichen, sozialen Verhältnissen; sie beginnen erst sich als Ideen zu gestalten, wenn sie bereits in der Gesellschaft vorhanden sind . . . in derselben Weise, wie Menschen erst ein Bedürfnis, dann eine Idee, dann die entsprechende Handlung bekunden . . .«

Gegen den deutschen Idealismus und seinen Apriorismus bemerkt Pisacane, daß selbst das friedliebende Deutschland, ein Land, »in dem die Handlung eine beschränkte Macht über das Denken hat« und in dem die abstrakten Formen des Rationalismus die Oberhand behalten, von der Realität gezwungen wird, seine politischen und sozialen Formen zu revidieren.

Quelle der Geschichte sind die Bedürfnisse, die Taten nach sich ziehen; durch diese wiederum erst bilden und verändern sich die Gesellschaften. Die Quelle der Geschichte liegt nicht in Theorien und Abstraktionen, sondern *in der menschlichen Natur*. Daher der Vorrang der Ökonomie vor der Politik: Pisacane weist darauf hin, daß die Europäer durch den ökonomischen Sturm, der sie überfällt, in Scharen zur neuen Welt – Amerika – getrieben werden. Pisacane betrachtet den industriellen Fortschritt keineswegs als einen notwendigen *sozialen* Fortschritt: Im Jahre 1850 klagt er darüber, daß alle Parteien und Stände das Wort »Fortschritt« im Munde führen, aber nur ganz wenige seinen eigentlichen Sinn erfassen. Die Entwicklung der Technik in der industriellen Gesellschaft führt eine Wandlung eben dieser Gesellschaft selbst mit sich: Neue Völker werden in den lebendigen Strom der Geschichte eingebettet, so daß unzählige Sitten und Traditionen zerstört werden; dabei konzentriert sich aber die Macht und der Reichtum nur in den Händen weniger.

Pisacane polemisiert gegen den Liberalismus: Der freie Austausch stachelt die Konkurrenz an; die Länder, die arm sind, werden dadurch nicht reicher, denn sie geraten in den Machtbereich der kapitalistischen Gesellschaften. Die Vertreter der freien Konkurrenz aber behaupten: »Wenn das Geld von A zu B übergeht, ist es ein Zeichen, daß A einen Überfluß davon hat; sobald es in Fluß gerät, wird das Geld aus demselben Grund, aus dem es von A zu B geflossen ist, wieder zu A zurückkehren. – Ja, es wird zurückkehren . . . aber in die Hände der fremden Kapitalisten, die Ländereien kaufen, Fabriken aufbauen werden und A wird eine Nation, die von den niederen Salären, die sie von fremden Ländern erhalten wird, lebt ... Kurzgefaßt: wenn die Bedingungen und die sozialen Verhältnisse sich nicht ändern, so erleichtert die freie Konkurrenz das Sich-bilden von Monopolen, die ihrem Wesen nach zu Oligarchien führen.«

Ist dies das Schicksal des heutigen wie des früheren Brasiliens und all der unterentwickelten Länder, ist dies die Bedeutung der »Hilfe«, die Nordamerika ihnen zufließen läßt? Die Dialektik der Revolution besteht nach Pisacane darin, daß sich die besitzende Klasse, um sich zu verteidigen und an der Macht zu bleiben, genötigt sieht, auf den Despotismus einer Militärregierung zurückzugreifen; aber sie wird durch die Diktatur zugrunde gehen: »Das Volk kann seinen Sieg nur erreichen, wenn es das ganze soziale Gebäude niederreißt, so daß jene herrschende Klasse unter den Ruinen sterben wird; wird aber das Volk besiegt, so wird die kapitalistische Gesellschaft in einer Militärdiktatur enden; durch sie wird der Tod der Kapitalisten langsamer sein.«

In derselben Weise und aus denselben Gründen, aus denen im 16. Jahrhundert das politische Leben in Italien verstummt – so behauptet Pisacane –, wenden sich die Philosophen notgedrungen der Abstraktion des Rationalismus, der Metaphysik eines Bruno zu. Die Philosophie wird in Italien erst durch Campanella und Vico zur politischen und sozialen Realität zurückgeführt.

Die These Pisacanes lautet: Der Mensch verändert die Natur und wird durch diesen Prozeß selbst modifiziert; dadurch erfahren die Gesellschaft und die Beziehungen unter den Menschen einen Wandel; die Geschichte hat ihre Wurzel »in der Natur des Menschen«.

Aus der Dialektik zwischen Praxis und Natur, zwischen subjektiver und objektiver Realität, ergeben sich jene stets wiederkehrenden Probleme und jene Ansprüche, die durch die Revolution auf der Ebene der Philosophie nach Erkenntnis verlangen.

Führen die Gedanken Pisacanes und die heutige Situation Brasiliens zu einer erneuten Konfrontation mit Südamerika?

Ich sitze wieder auf der Veranda des Hauses, von dem aus meine Reise begann: Es ist nun ein Haus des Todes. Ein tropisches Gewitter strähnt mit Regen die weiße Himmelswand. Aus den großen Blättern des Feigenbaums rinnt das Wasser, und alles – die Bäume, die Erde, das Strohdach – dampft in der Feuchtigkeit, in den Schwaden des Nebels. Der Schmerz einer unbegreiflichen Scheidung, der unwiderstehliche Schmerz eines Todes lähmt die Worte des Trostes. Nur noch in den Träumen tritt die Gestalt der Verstorbenen auf. Träume, in denen Handlungen keinen Sinn mehr erhalten: Es herrscht das Unwiderrufliche.

Hinter mir, durch die offenen Türen, lassen die alten Möbel in ihren schweren Kolonialformen die Flammen der Hölle aufflackern: Flammen der Verzweiflung über all das, was nie mehr hergestellt werden kann. Die alte Mestizin aus Bahia möchte mit spiritistischen Praktiken, mit Magie die Brücken ins Unsichtbare schlagen; ihre Klagen versuchen das Unsichtbare zu durchbrechen; das Unheimliche schlängelt sich in den wandelnden Gestalten der Trostlosigkeit. Die Gegenstände, die zu einem Leben gehörten, liegen herum; die Fäden, die sie mit den Absichten der Tätigen verbanden, sind gerissen und weilen in der Verkrampfung des Unnützen, so lange, bis eines Tages eine andere Hand sie neu verknüpfen wird. Diese Fäden sind zu unlösbaren Knäueln der Hilflosigkeit geworden, und Rara, der Papagei im Baum, schreit seine sinnlosen Worte weiter.

Woher das Auf und Ab der Hoffnungen, der Befürchtungen, der Zweifel? Hinter dem Hügel die unmenschliche Stadt im milchigen Licht der »tristes tropiques«, geisterhaft, böse im dichten Gewirr von Wolkenkratzern und Lehmhütten, im Geschrei der Radios, im schleifenden Zischen der Autos, in jenem Getöse, das nie – weder tags noch nachts – nachläßt: hörbare Zeichen schwingen sich in die Nacht, während ich im Atmen der Kranken ihr Leben und ihren Kampf um den Schlaf verfolge.

Unheimliches Südamerika, das jedes Maß, jedes Gewicht, jede Empfindung für ungeahnte Möglichkeiten zu akzeptieren vermag: Umwertung aller Werte, die der Faszination des Lebens, der ich stets unterliege, unerwartete Inhalte verleiht. Die Macht des Lebens saugt das Mark des Geistes aus den Knochen, entwässert den Körper, läßt die Haut um das Gerippe schlaff werden.

Die modernen Kommunikationsmittel erwecken im hiesigen primitiven Leben Ansprüche, die aus Europa stammen, aus der westlichen, bürgerlichen Welt importiert werden, aber hier durch ihr plötzliches Auftreten, in einer ganz anderen Umwelt, unter ganz anderen Voraussetzungen, unhistorisch wirken; die Folge dieser Ansprüche: es vermehren sich Attentate, Morde, Überfälle, Verschwörungen. Wohin führt die Tatsache, daß historische Stufen der Entwicklung übersprungen werden? In einem Haus, wo »Tupamaros« sich versammelten – sie wurden alle von der Polizei erschossen –, ist allein der Schatten einer Frau übriggeblieben, die nun jegliche hiesige kulturelle Regung »als unterkulturellen Ausdruck« ablehnt; sie glaubt nun allein an die Zerstörung als einzigen Akt, der der herrschenden, sozialen, politischen Wirklichkeit entspricht. Eine neue »Inconfidencia« im Zeichen des 20. Jahrhunderts?

Über dieser Grundstimmung und Grausamkeit herrscht das Goldfieber, das hier immer noch alle erfaßt – wie vor zwei Jahrhunderten in Minas Gerais –, das jede Initiative auf wirtschaftlichem, industriellem Gebiet anspornt; ein Goldfieber, das die zunehmende Proletarisierung nach sich zieht. Kann man aber in der Zeit eines ökonomischen, industriellen »Klondykes« an die Revolte der Arbeiter denken, wenn diese noch für ihre Ausbeutung dankbar sind, weil sie ihnen zunächst die einzige greifbare Lebensmöglichkeit bietet? Wiederholt sich etwa eine ähnliche Situation – die Engels beschrieb – wie damals, als in England die industrielle Gesellschaft entstand?

VIII

Schluß
Philosophie und Landschaft

1. Auswanderung

Stimmung, aus der Bilder entstehen: eine Insel in Südamerika. Sie liegt als rauher, grober Stein auf meiner Hand. Langsam nimmt der Stein neue Gestalt an, spaltet sich allmählich wie ein Pyritkristall in geometrische, durchsichtige Facetten; etwas beginnt sich hinter ihnen zu regen: Es sticht hervor, vergrößert sich wie unter einer Linse, die auf die Buchstaben eines Textes gelegt wird.

Im Kristall der Phantasie sehe ich ein Meer von matter Unruhe. Das Meer: Zeichen der Trennung und der Vereinigung, des Ewigen und der Gefahr des Verlassenwerdens; der Macht und auch der eigenen Ohnmacht; Zeichen des Abschieds, der Auswanderung?

Erinnerungen tauchen auf: die damalige Fahrt über den Ozean. Müdigkeit und Trägheit breiten sich aus: Der Körper erlebt die Ungewißheit, die Uferlosigkeit mit; er spürt die unsichtbaren Entfernungen, die entgegengesetzten Jahreszeiten, die sich im Verlauf einer Woche überschneiden, die Frühlinge, die mit dem Wind wie wilde Pferde über das Meer fegen. Dann das plötzliche Wiedererwachen: das Wasser tiefblau. Meereslandschaft? Ich beuge mich über die Reling wie über einen Abgrund: die leichte Brise überzieht das Wasser mit einer durchsichtigen Haut, wie sie bei den inneren Organen der Tiere zu sehen ist.

Das Meer, ein lebendes Herz: es schlägt bis zum Horizont, bis zu den entferntesten Lichtvorhängen, unter denen silbrige Schwellen aufleuchten; dahinter ahnen wir neue, unerwartete, gleitende Räume.

Aus der Sehnsucht entstehen Bilder, sie identifizieren sich mit ihr. Oder wurden sie schon früher aus Neugierde und Verwunderung in Erwartung des

Neuen geboren? Auf den Häuten des Wassers schleichen sich Schatten in Gestalt von Schlangen heran. Sie streichen über das Schiff und verschlingen Menschen und Gegenstände. Der schäumende Bug scheucht fliegende Fische auf. Die Runenzeichen im Wasser sind unentzifferbar. Alles bleibt sich gleich, denn die Gegenwart des Immer-Wiederkehrenden löscht selbst die Wirklichkeit von Tag und Nacht, die Sonne, die Sterne aus; die vernichtende Gegenwart des Ungeschichtlichen strömt hervor. Nicht einmal die Spiegelungen langer, lichtvoller Wellen an der Decke der schattigen Kabine wollen Gestalt annehmen. Nur der sich verbreitende Geruch eines unsichtbaren Tieres, der einem anhängt wie ein Parasit: die Wärme des Äquators.

Tag für Tag rückt das Gewohnte, das Verlassene weiter weg; stoßweise, so wie das durch die Zeitlupe beobachtete Wachsen einer Pflanze. Wo die »gewohnte« Welt versagt, dort, wo nichts mit dem barmherzigen Hauch der Erinnerung überzogen ist, werden die Kanten des Realen scharf, verletzend. Das Neue steigt aus dem Nichts: unreale Landschaft, Labyrinth der eigenen Leidenschaften.

Eine Frage: Ist das ständige Hinweisen auf unmittelbare Erlebnisse, auf Ort und Zeit, auf Leidenschaften und Landschaften eine literarische Form, eine Absage an wissenschaftliches Denken?

Traditionell wird das Philosophieren als *Meta*-Physik definiert, als Denkprozeß, der sich *nach* der Physik, *nach* den Betrachtungen der konkreten Realität ergibt, wobei dieser Prozeß einen Vorrang gegenüber der Realität beansprucht. Bevor vom Seienden, hier und jetzt, gesprochen wird, muß das Sein als Sein geklärt werden; denn wie kann man das vereinzelte Seiende verstehen, wenn man nicht vorher das Sein geklärt hat – ist doch jedes Seiende eine Spezifikation davon.

Dies ist das Grundargument bei der Verteidigung jedes abstrakten Philosophierens, jeder apriorischen Deduktion der Realität, jeder sich verselbständigenden Philosophie. In einem solchen Denken muß jede Bezugnahme auf das Konkrete, auf die sich verändernden Leidenschaften, auf die sich verwandelnden menschlichen Beziehungen, auf die relativen, zeit- und ortsgebundenen interkommunikativen Äußerungen vermieden werden: Verdammung der rhetorischen Sprache; nur die allgemeingültige, notwendige, logische, rationale Aussage darf einen wissenschaftlichen Anspruch erheben. So lauten die Thesen jener Tradition, gegen die sich der italienische Humanismus wandte, indem er die Wichtigkeit der Rhetorik und den Vorrang der Praxis, des unmittelbar Erlebten betonte. Warum? Weil allein aus der Geschichtlichkeit die den Menschen angehenden Probleme entstehen, allein in ihr ihren Nährboden haben, so daß jegliche Verselbständigung der Reflexion vereitelt wird. Also die ständige Bezugnahme auf das Konkrete, aber nicht als literarische oder rein autobiographische Referenz! Damit beanspruchen die vorangehenden Aufzeichnungen, Erwägungen und Konfrontationen, selbst die Schilderungen von Landschaften, eine prinzipielle Bedeutung als Ausgangspunkt philosophischer Fragen.

Wir wollen diese Grundthese an Hand eines einzelnen Phänomens, und zwar der *Landschaft* in ihrer philosophischen Bedeutung erörtern, um die methodische Tragweite unserer Betrachtungsweise programmatisch zu entwickeln und abzuschließen.

2. Sehnsucht nach der Antike?

Was ist Landschaft? *Was* kann sie in Verbindung mit der Philosophie bewirken? Die Natur schlechthin, ihre Gesetzmäßigkeit, die menschlichen Verhaltensweisen und Leidenschaften in ihren mannigfaltigen Aspekten können Gegenstand theoretischer Überlegungen sein, aber die Landschaft? Eine Landschaft wird betrachtet, sofern sie anscheinend »da« ist – wie Berge, Täler, Wälder, Flüsse; Landschaften sind immer dagewesen und werden auch immer dasein. Oder vermag die Landschaft einen Anlaß zu theoretischen Reflexionen zu bieten, weil der Genuß, den sie hervorruft, sich der Sphäre der Kunst nähert?

Sicherlich schließt die Philosophie heute ein solches Thema aus: Wir vermeiden die Mühe des Denkens, seine Enttäuschungen, seine Ohnmacht und flüchten uns in den unmittelbaren Genuß der Landschaft. Möge die Philosophie uns fernbleiben, erscheint sie doch nur als Ausdruck einer Bemühung, die uns weder geistig bereichert noch uns dazu verhilft, sicherer zu leben und für unser Dasein eine Verwurzelung zu finden. Der Versuch, selbst aus der Landschaft ein theoretisches Problem zu konstruieren, scheint absurd.

Wie hieß es aber im »Phaidros«, in einer der frühesten Landschaftsbetrachtungen, die von philosophischen Erwägungen begleitet war? »Dies ist ein schöner Aufenthalt. Denn die Platane selbst ist prächtig belaubt und hoch und des Gesträuches Höhe und Umschattung gar schön, und so steht es in voller Blüte, daß es den Ort mit Wohlgeruch ganz erfüllt. Und unter der Platane fließt die lieblichste Quelle des kühlsten Wassers, wenn man seinen Füßen trauen darf . . . Und wenn du das suchst, auch die Luft weht hier willkommen und süß und säuselt sommerlich und lieblich in den Chor der Zikaden. Unter allem am herrlichsten aber ist das Gras am sanften Abhang in solcher Fülle, daß man hingestreckt das Haupt gemächlich kann ruhen lassen.«

Landschaft als wesentliches Element zur Steigerung eines philosophischen Gesprächs?

Am schattigen Ufer des Ilissos lagen die Gesprächspartner, und der Meister erzählte ihnen den Mythos der Zikaden, jener Zikaden, die die griechische Landschaft beleben. »Auch dünken mich die Zikaden, wie sie in der Hitze pflegen, über unseren Häuptern singend und sich untereinander besprechend, herabzuschauen. Wenn sie nun auch uns um nichts besser als andere in der Mittagsstunde uns nicht unterredend sähen, sondern aus Trägheit der Seele von ihnen eingesungen schlummernd: so möchten sie mit Recht über uns spotten und denken, ein paar Knechte wären in ihrem Aufenthalt eingekehrt, um wie Schafe, die bei der Quelle Mittag machen, des Schlafes zu pflegen. Wenn sie uns aber sähen im Gespräch begriffen und uneingesungen bei ihnen als Sirenen vorbeischiffen, dann dürften sie uns die Gabe, welche ihnen von den Göttern für die Menschen verliehen ist, mitteilen zum Beweis ihrer Zufriedenheit.«

Sehnsuchtsvolle Reminiszenzen, während doch die lebensträchtige Bedeutung jener Welt der Antike unrettbar zerstört ist? Ist sie es aber wirklich? Leuchtet sie nicht immer wieder mit der Landschaft selbst auf? Noch im 18. Jahrhundert schrieb Herder seinem Sohn Gottfried während seiner Italienreise (von 1788 bis 1789) aus der Nähe von Rom folgendes: »Ich habe zwei schöne Tage genommen, dieses Schauspiel der Natur zu sehen, bin beide Tage in der besten Stunde bis zur inneren Grotte Neptuns hinuntergestiegen und habe in der Silberwolke des aufstäubenden Wassers mit dem sanften Entsetzen, welches die Alten Begeisterung der Nymphen nannten, gestanden. Oben an der Ecke des Berges steht ein lieblicher Tempel der Vesta, gemeiniglich der Sybillen-Tempel genannt, rund und schön . . . Der stille Anio ist vor dem Blick, der rauschende Anio im Ohr und erfüllt das ganze Tibur, wo man geht und steht, mit einer hohen und schönen Empfindung des Schauers und der göttlichen Gegenwart. Nachmittags stiegen wir hinab, den Anio hinüber und umgingen das Thal, wo der Strom alle seine kleinern Leiden hat und seine lieblichen Künste beweist . . . Unseren kurzen Nachmittag haben wir sehr glücklich genützt, sind zu den Kaskatellen an jedem schönen Ort heruntergestiegen und haben das ganze Thal unten wie einen schönen Tempel der Natur durchwandert. Auf der schönsten Kaskatelle sahen wir die untergehende Sonne mit ihren letzten Strahlen und begrüßten noch in der schönsten Abendröhte die Quelle Aquonia, die so heimlich und still liegt, daß man jeden Augenblick die Erscheinung der Nymphen Dianens erwartet.«

Ist dies nur eine mythologische Reminiszenz, in der die Antike noch einmal nachwirkt, die Sehnsucht nach einer verschollenen Welt der Götter, die von der Landschaft beschworen wird: also nur das Echo einer Gelehrsamkeit?

Aber Herder »lebt« in dieser Landschaft, die mit der Antike, mit der Geschichte verwoben ist. Er berichtet über seinen Alltag auf klassischem Boden: »Dann stiegen wir müde und vergnügt den Berg hinan . . . und legten uns so sanft zur Ruhe, als ob unsere rauschende, knirschende Schilfmatratze das schönste Bett gewesen wäre. Das Wirtshaus steht in der schönsten Gegend, und der Tempel der Vesta gehört zu ihm, er steht in seinem Gärtchen . . . so schwebte Tibur wie ein schöner Kranz vor mir, in dem die Strecken der dunklen ruhigen Ölbäume, Rosmarin-Sträucher und die hellen, silbernen Kaskatellen die Perlen und Edelsteine waren.«

3. Landschaft ohne Kunst

Aber gibt es überhaupt Landschaft, so wie wir rein geographisch, geologisch – also naturwissenschaftlich beschreibend und nicht kunstgeschichtlich – von Meeren, Stränden, Ebenen sprechen? Betrachten wir eine außereuropäische Natur, die uns kaum von der Kunst als Landschaft eröffnet worden ist.

Am Panamakanal: tropische Dämmerung, die unreale Bühne einer italienischen Oper. Das ruckweise abblendende Licht wirft einen unheimlichen Zauber über die Natur, erweckt die Illusion eines Unrealen. Was hier geschieht, ist die Aufhebung, die Vernichtung von Landschaft. Eine Bühne tritt an ihre Stelle. Aber der Zuschauerraum bleibt im Dunkeln. Unsicherheit und Unruhe überfallen uns.

Schichten von Erfahrungen überschneiden sich: der »grüne Mond« – das amerikanische Geld, angezogen von der strategischen Bedeutung des Panamakanals –, ein magischer Hauch, der der Umgebung einen fremdartigen Ton verleiht: Der Wagen fährt leise, beinahe streichelnd auf der Betonstraße, die den Urwald kreuzt. Schrille Laute zerreißen die Luft: das Quaken der Frösche.

Angesichts der materialisierten Entfernung durch das Fremdartige verflüchtigt sich jeder Versuch, Landschaftsbilder aus der Natur herauszukristallisieren: Das Unbewältigte versperrt den Zugang zum Bild. Negerhütten, die armseligsten Wohnstätten; aus dem Urwald herausgeschobene Kulissen, a-tektonische Bauten: Die Schwere löst sich in Farben, in schwebenden Streifen, in hängenden Strukturen auf. Architektur ist hier nicht vorhanden, um das Tektonische zu bekunden, sondern eher, um das »Draußen« im »Innern« *wehen* zu lassen.

»Draußen« bedeutet Luft, Freiheit, Durchzug durch Türen und Fenster; daher Fenster ohne Glas, Türrahmen ohne Türen; in den Öffnungen – sie wirken wie leere Augenhöhlen – erscheinen Wände, die nicht bis zum Boden reichen, hängende Wände, die weder stützen noch tragen.

Bauten als Aufhebung der Statik, Raum als Widerspruch: die Grenzen zwischen Innen und Außen sind nur da, um sich selbst aufzuheben; »schließen«, um »öffnen« zu können; Raum wird empfunden im Durchzug. Fühlbare statt sichtbare Architektur – gehört dieses Absolut-Fremde zu dem, was wir uns als Landschaft zu sehen bemühen? Oder soll ich diese menschliche Realität mit Hilfe der modernen Malerei erfassen und sie wie in einem Netz an das Ufer meiner europäischen Welt heranziehen? Die moderne Kunst vernichtet das, was im überkommenen Sinn Landschaft genannt wurde: Farbflächen stimmen nicht mehr mit dinglichen Gestalten überein, kraß zusammengedrückte Farben eröffnen einen irrealen Raum, und die Phantasie des Betrachters kann sich – nach Stimmung, nach Lust, nach Lebenszustand – vieles, verschiedenes ausmalen. In der Tat glauben wir nicht mehr an jene überkommene Landschaft.

Was bedeutet aber diese tropische, sich vor uns ausbreitende Natur? Zeichen und Kontraste, die nicht zu entziffern sind. Oder ist es etwa nur die Macht des Wachsenden, der Physis? Formlose Erdhaufen, grüne Säfte der Vegetation als unheimliche Blasen, Reste unseliger, uns fremder, ungeheuerlicher Erdumstülpungen, in denen wir vergeblich das Rätsel eines geologischen, botanischen Geschehens zu lösen suchen? Aber läßt sich die Mannigfaltigkeit rein geographischer, geologischer, struktureller Elemente – Hügel, Ebene, Urwald, Seen – vielleicht nach dem Grad der eigenen Ratlosigkeit bestimmen und alsdann in der Form von Landschaften erfassen?

Die Impotenz des Künstlers, Natur in Landschaft zu verwandeln, hat Melville an Hand seiner Erlebnisse in Südamerika geschildert. »Man nehme fünfundzwanzig Haufen Kohlenschlacke, draußen vor der Stadt auf einem Grundstück wahllos ausgekippt. Man stelle sich dann vor, einige von den Haufen wären zu Bergen vergrößert, und was vom Grundstück frei geblieben ist, das bedecke die See – dann hat man eine geeignete Vorstellung vom allgemeinen Eindruck der ›Encantadas‹, der verzauberten Inseln, dem Aussehen vergleichbar, das die Welt im ganzen bieten würde, wenn ein feurig Strafgericht vom Himmel gefallen wäre ... Aufgelassene Friedhöfe aus alter Zeit, alte Städte, die allmählich verfallen – ja, das sind wahrlich traurige Bilder. Immerhin: wie jedes Ding, das dermaleinst mit der Menschheit zu tun gehabt, erwecken sie in uns Gedanken der Sympathie, seien sie noch so trauervoll ... Aber hier ... An Stellen ist die Küste felsumlagert oder sagen wir besser schotterumlagert. Ineinander verquollene Massen schwärzlichen oder grünlichen Zeugs, der Schlacke aus dem Hochofen ähnlich, bilden bisweilen dunkle Klüfte und Höhlen, in die das Meer, unruhevoll, Gischtgewitter entlädt. Die Wolken hängen darüber als ein wogender grau nieslicher Nebel, und kreischende Schwärme unheimlicher Vögel flattern und verstärken den schändlichen Lärm.«

4. Phantasie: eine noch nicht verwirklichte Vernunft?

Landschaft ist nichts Selbstverständliches, auch wenn ein jeder glaubt, sie sei ihm unmittelbar zugänglich, weil er sie »sieht«; ihr Genuß verlangt nach keinerlei Reflexion, aber ihr Wesen auszudrücken gelingt nicht ohne Überlegung; ihr Wesen zu erkennen, ist unumgänglich, da sie so viele Fragen aufwirft: ihre Beziehung zu den Leidenschaften, zur Kunst, zu der Art und dem Grund ihrer dichterischen oder malerischen Erfahrung. Aber stehen die von ihr beschworenen Fragen in Beziehung zur Philosophie?

Welchen Weg soll man einschlagen? Die Schilderung verlassen und die Reflexion bevorzugen? Das würde bedeuten, bei einem so unmittelbaren Erlebnis die Notwendigkeit des Philosophierens zuzugeben.

Mit der Erscheinung der Landschaft verbinden sich unvermeidlich Bilder. Zu Beginn der abendländischen Tradition wird im »Lob der Helena« des Sophisten Gorgias ausgeführt, daß die Gegenstände gar nicht die Träger jener Bedeutung sind, die wir ihnen gerne verleihen möchten, da sie einen eigenen Charakter aufweisen, durch den sie auf unsere Leidenschaften wirken: »Denn unsere sichtbare Umgebung hat nicht die Eigenschaften, die wir wünschen, sondern eben die, die jedes Ding hat. Durch das Gesicht empfängt aber die Seele auch in ihrer Gesinnung Eindrücke.

Bilder »treffen« uns, sie gestalten sich zu »Typen« (von typtein, treffen). Die Welt der Landschaft gehört wegen ihres bildhaften Charakters zu unserem pathetischen Leben; sie kann anregend, deprimierend, heiter, ernst, erhaben wirken; wir können sie als schön oder häßlich empfinden, aber niemals als »wahr« oder »falsch«; sie gehört nie zur rationalen Sphäre.

Das emotionale Leben wird durch Bilder beschworen; die Leidenschaften, die uns überwältigen, und die Dinge, die Landschaften aufleuchten lassen, öffnen den Weg zum Staunen . . . Geht es aber dabei nicht um etwas, das wesentlicher ist als die psychologischen Täuschungen, um etwas, das dem Philosophieren selbst in bezug auf die Landschaft eine Berechtigung verleiht?

Sind nun die Bilder einer Landschaft – die einer »phantasierenden Vernunft« entspringen können – jener Art von Vernunft eigen, von der Hegel sagt, sie mache sich »das Wesen zum Gegenstand«, aber sie habe »noch kein anderes Organ als die sinnliche Vorstellungsweise«, die damit als solche von ihm auf eine niedere Stufe verwiesen wird und eines schönen Tages von der *eigentlichen* Vernunft aufgehoben sein soll? Wären also die Landschaftsbilder in ihrer Essenz als Phantasiegebilde nur Formen einer *noch nicht erfüllten Vernunft?*

5. Humanistische Erfahrung der Landschaft

Hegel lehnte die philosophische Rolle des Bildes, der Phantasie ab und bestimmte die letztere als wesentlichen Bestandteil eines unvollendeten, »mythologischen« Denkens. »Die Mythologie ist Produkt der Phantasie, einerseits als hätte hier die Willkür ihren Sitz; aber das, worauf es ankommt, was die Hauptsache der Mythologie ist, ist Werk der *phantastischen Vernunft*, der Vernunft also, die sich das Wesen zum Gegenstand macht, aber *noch kein anderes Organ* hat.«

Aus demselben Grund fällt auch sein Urteil über die Rhetorik – sowie auch über die Bilder und Metaphern, deren sie sich bedient – negativ aus. Verbreitet ist die Meinung, daß die Metapher der »strengen« Wahrheit nicht ebenbürtig sei, da sic die rationale Klarheit nicht zu erreichen vermag.

Wohl seit Descartes stellt im philosophischen Prozeß der rationale Inhalt das Wesen der Aussage dar. Descartes behauptet: In der Aussage des Wahren geht es nicht um die »Form«. Das cartesianische Ideal ist eine »kunstlose« Philosophie: unpersönlich, zeit- und ortlos. Daher entstand die Alternative: rationale Rede, die niemanden bewegt, oder rein »formale« Rede, die bewegt, aber inhaltlos bleibt.

Die humanistische Tradition hat aber stets betont, daß »res« und »verba« – als Form der Aussage – nicht getrennt werden dürften. Gelangen Inhalt und Form nicht zur Einheit, so werden Wahrheit und Kunst verschiedene Wege einschlagen: Die Wahrheit wird ausschließlich den logischen Spezialisten angehen und die »kunstvolle« Rede nur noch den unverpflichteten, ästhetisierenden Menschen, der sich allein an »Möglichkeiten« erfreut, aber die Realität außer acht läßt.

Die lange mißverstandene oder in Vergessenheit geratene humanistische Tradition hat diese Einstellung bekämpft und sich dagegen geäußert. Nizolius erinnert in seinem »De principiis« an die Worte Ciceros: »Hier (in der sokratischen Philosophie, d. Vf.) entspringt jenes Auseinanderfallen von Sprache und Herz, eine Trennung, die absurd, unnütz und abzulehnen ist, wonach die einen uns das Reden und die anderen das Wissen beibringen sollen.« Immer auf Cicero sich stützend, sah Nizolius schon bei Sokrates den Ursprung dieser unheilvollen Dichotomie: »Die Menschen der Antike verbanden bis zu Sokrates jede Kenntnis und jedes Wissen von all dem, was die Sitten der Menschen, das Leben, die Tüchtigkeit, den Staat betrifft, mit der Fähigkeit zu reden.«

Schon Quintilian betrachtete »res« und »verba« als die ursprünglichen Elemente der verbindlichen und bewegenden Aussage, sofern der Sinn der Rede eben darin besteht, das Seiende in seinen mannigfaltigen Aspekten in Erscheinung treten zu lassen – also den Kategorien entsprechend, das Sein in »Anklage« zu stellen. Der Mensch ist zu einer begründeten Bestimmung des Seienden verpflichtet, damit sein eigener Kosmos entstehe; dabei kann der Stoff der Rede allein als Frage, als »quaestio« – weil das Seiende das uns schlechthin Angehende ist – auftreten. Hier fallen Leidenschaft und Denken in eins. Beweist nicht die Grammatik selbst, daß die Elemente der Rede – »res« (materia, nomina) und »vis sermonis« (verba) – untrennbar sind, da keine Rede entweder nur mit »verba« oder mit »nomina« aufgebaut werden kann? Das Zeitwort ist die Voraussetzung für das menschliche Verhältnis zum Substantiv, und zwar in der Perspektive des Nicht-mehr, Noch-nicht und Jetzt, wodurch Gefühle wie Hoffnung und Sehnsucht überhaupt erst zu Wort kommen können.

Bedeutsamkeit der Bilder in der Rede, Bedeutsamkeit der pathetischen Struktur des Philosophierens, zu dessen Anlässen auch die Landschaft mit ihren geheimnisvollen Zeichen gehört. Aber auf welche Weise?

Die Landschaft wurde von den Humanisten in den menschlichen Bereich einbezogen, sofern sie zum menschlichen Werden gehört. Petrarca besteigt in der Provence einen Berg: »Nur von dem Wunsch gedrängt, einen Ort zu besuchen, der für seine Höhe berühmt ist, bin ich heute auf jenen höchsten Berg gestiegen, der Mont Ventoux genannt wird . . . Jener Gipfel ragt über eine kleine Ebene, wo wir rasteten . . . Erst erschüttert von jenem Schauspiel, und durch einen, ich weiß nicht wie, leichten Wind berauscht, blieb ich voller Verwunderung stehen. Ich schaute und sah zu meinen Füßen die Wolken. Da schien mir der Ruhm des Athosberges und des Olymps weniger unglaublich, da es mir gegönnt war, von einem viel weniger berühmten Berg als jene, von denen ich gehört und gelesen hatte, das alles zu erblicken. Ich richtete dann meine Blicke nach dort, wohin mein Herz mich am meisten drängt, in die Richtung Italiens, und obwohl die Alpen voller Schnee, erhaben noch in großer Entfernung lagen, schienen sie mir nahe, jene Alpen, durch die – wenn die Kunde uns nicht getäuscht hat – jener wilde Feind von Rom sich den Weg mit der Axt gebahnt hat. Ich gestehe es, ich seufzte dem italienischen Himmel entgegen, der mehr der Einbildungskraft als dem Auge gegenwärtig war, und der Wunsch drängte mich, den Freund, das Vaterland wiederzusehen . . . Darauf folgten viele andere Gedanken, und von der Meditation über den Ort ging ich über zur Meditation über die Zeiten . . .«

Landschaft in die Geschichte gebettet, Landschaft als Moment eines politischen Ideals. Der auf Italien gerichtete Blick beweist ein historisches Bewußtsein, das durch eine Landschaft zum Leben erwacht und sich auf eine politische Aufgabe richtet. Ein Ort, ein Land gehen uns an, stellen Anforderungen an uns, verweben sich mit Erwartungen, Hoffnungen, Erinnerungen und stehen da als Wegmarken zwischen Vergangenheit und Zukunft.

Petrarcas Schilderungen der römischen Landschaft gestalten sich bereits unabhängig von geschichtlichen Stützpunkten, frei vom Raster der Geschichte; in ihr vibrieren menschliche Stimmungen; die Natur ist schlechthin menschliches Gebiet geworden. »So gelangte ich an einen Ort, der, wenn meine Wünsche nicht anderswohin gedrängt hätten, völlig den Sorgen meiner Seele angepaßt gewesen wäre. Es ist ein Berg in der römischen Campagna, der, wahrscheinlich einmal ganz von der Vegetation bedeckt, mehr von Ziegen als von Menschen bevölkert und deswegen Monte Capranica genannt wurde . . . Der Ort selbst ist wenig bekannt, aber von berühmten Plätzen umgeben. Hier liegt der Soractes . . . von Dichtern besungen; hier der von Vergil erwähnte Berg Cimino. Zwei Meilen entfernt befinden sich Sutri, der antiken Göttin Ceres geweiht, und – wie man sagt – eine antike Kolonie des Saturn . . . Das Dorf ringsum von Hügeln umschlossen, nicht allzu hoch, auch dem Zugang nicht beschwerlich und der Aussicht kein Hindernis. In den Abhängen zwischen diesen Hügeln öffnen sich schattige, kühle Höhlen, und der Wald, vor der Sonne schützend, ragt auf mit dunklem Geäst; nur der Teil gegen Boreas zu ist geringer bewaldet und niedriger als die anderen Hügel und erstreckt sich in einem Tal, das den Bienen einen blumenreichen Schutz gewährt. In der Tiefe erklingt das leise Plätschern des Wassers, und eine Unmenge von Vögeln schwirrt über den kleinen Wellen.«

Die Landschaft erscheint hier als eine Realität, der wir uns nicht entziehen können. Ihre pathetische Komponente wird im Humanismus zum philosophischen Problem. Das Ursprüngliche – das schlechthin Unableitbare – kann nur plötzlich, augenblicklich, unvermittelt in Erscheinung treten. Beschworen wird es durch die verschiedensten Anlässe: durch eine Bewegung, durch eine Farbe, durch einen Ton, durch eine Landschaft; es bemächtigt sich unser befehlend und weisend, entsprechend der Fähigkeit eines jeden. Geheimnisvolle Korrespondenz zwischen der eigenen geistigen Fähigkeit und ihren Anlässen! Stoff und Form des Ausdrucks erweisen sich als eins: Natur wird Geist, und Geist deckt sich mit der offenbar werdenden Bedeutung der Natur. So tritt die Rätselhaftigkeit einer Landschaft im philosophischen Bewußtsein auf.

Im »Naugerius« des Fracastoro heißt es: »Nachdem wir uns neben der Quelle niedergelassen hatten, bot uns die Landschaft den Gegenstand zu einem wichtigen Gespräch: wir fragten uns, was wohl – im Namen der Götter! – der Grund sei, daß, sobald wir an diesen Ort gelangt waren, einer von uns schweigsam und melancholisch wie ein Bellerophon wurde, der Naugerio hingegen zu singen bereit war und beinahe vom Wahn überfallen. Auf diese Frage antwortete Turrius: ›Ich werde es dir sagen, aber du glaube ja nicht, daß das, was ich ausspreche eine Dummheit sei! Gewiß, in dieser lebendigen Luft herrschen verschiedene Manen, die sich in solcher Einsamkeit, in solchen Wäldern und bei solchen Quellen niederlassen, an Orten, von denen übrigens die Dichter behaupten, daß dort auch Götter leben. Diese Manen ziehen zuweilen in unsere Körper ein und verlassen sie wieder. Nun würde ich behaupten, daß die Manen des Vergil, die an diesen Orten walten, den Naugerius beunruhigen, während ich selbst vom Geist irgendeines Philosophen beherrscht bin, eines Philosophen, der sich von der Melancholie überwältigen ließ, wie Democritus ... Das Problem ist aber, wieso derselbe Ort den einen zum Dichten, den anderen aber zum Philosophieren drängt. Die Gegenstände, die uns umgeben und unsere Seele bedrängen, sind wohl dieselben; warum rufen sie aber nicht dieselben Folgen hervor?«

Geistige Tätigkeit – als ursprünglicher, unableitbarer Prozeß verstanden – hat keinen logischen, rationalen Charakter; sie stellt Beziehungen her, die nicht rational zu vermitteln sind. Wir sprechen daher von »ingeniösem«, plötzlichem »Sehen«. Die dabei zum Vorschein kommende Korrespondenz zwischen der Tätigkeit des Ingeniums und ihrem Anlaß – also in unserem Falle zwischen Ingenium und Landschaft – hat als Problem eine ehrwürdige, nur zu sehr vergessene Überlieferung.

In der Antike galt Ingenium ursprünglich nicht als Terminus für eine menschliche Fähigkeit, sondern als Bezeichnung für die ursprüngliche, schöpferische Macht der Natur in ihrem Wachsen und Blühen. Ingenium gehörte zum Wesen der Natur, als Wurzel ihrer ordnenden Macht, als Quelle ihrer polymorphen Gestaltungen. Ovid spricht vom »ingenium loci«: der Ort als Verwirklichung dieser geheimnisvollen Macht. Statius sieht in einer Landschaft die Auswirkung dieses Ingeniums: Menschlicher Geist ist selbst nur eine letzte Stufe der ingeniösen Natur, die den Menschen zur Einsicht der unheimlichen, göttlichen Quelle aller Phänomene zwingt. Cicero sagt: Die Wahrheit der Götter ist nicht auf den Straßen, auf den Plätzen der Städte anzutreffen, wohl aber »in den Tiefen der Erde und in der menschlichen Natur«.

Entsprechung zwischen dem Geheimnis der Natur und dem des Geistes, zwischen der Einsamkeit, der Rätselhaftigkeit geheimnisvoller Orte und der Entstehung geistiger Fragen. Giovanni Pico della Mirandola behauptet, daß der Philosoph die Worte der Götter aus der Höhle der Einsamkeit erfahre. Er bezieht sich dabei auf den angeblichen Ausspruch Heraklits, daß der Philosoph jenen Worten nachjagen müsse, die aus der schaudererweckenden Höhle herausfließen, da in ihr die Wahrheit verborgen sei. Das Schaudern, das Entsetzen vor einer Landschaft stimulieren den Geist, erwecken Fragen in ihm. Es ist das Ingenium der Natur, das im Ingenium des Menschen eine archaisch weisende Einsicht entstehen läßt. So begibt sich der einzelne auf einsame Wege, um am geheimen Ort die versteckten Quellen des Ursprünglichen zu erspähen. Landschaft und ingeniöse Tätigkeit verwischen ihre gegenseitigen Grenzen: »Der Jüngling ist ohne Kenntnis und unerfahren ... da läßt er die Windhunde und Doggen los, damit sie der Fährte der Tiere des Waldes folgen; diese sind aber die intellegiblen Wesensgestalten der idealen Urbegriffe ... Die Jagd geht durch verlassene, weglose Wälder, die kaum von jemandem aufgesucht und durchforscht werden, in denen keine menschlichen Spuren zu finden sind.« (G. Bruno)

6. Landschaft und die möglichen Bedeutungen der Wirklichkeit: die Kunst

Ist Landschaft eine künstlerische Deutung der Natur, oder ist sie ein rein pathetisches Phänomen? Setzt die Wandlung von Natur zur Landschaft erst dann ein, wenn die menschliche Affektivität sich ihrer bemächtigt und dort ihre schwankenden Gefühle der Hoffnung, der Angst, des Hasses oder Stolzes überfließen läßt? Diese menschliche Erfahrung setzt immerhin diesseits von Kunst ein. So kann zum Beispiel die Flucht in die Landschaft ganz entgegengesetzte Anlässe haben: die Langeweile, das Entsetzen vor der eigenen künstlerischen Impotenz, die nur zur Unruhe führt, zu einer Unruhe, die der des sich ständig hin und her wälzenden Kranken ähnlich ist: »Nicht so sehr der Wunsch, Dinge zu sehen, die ich schon tausendmal gesehen habe, hat mich zum Wandern getrieben, sondern der Drang, der Gewohnheit von Kranken vergleichbar, die Lage zu wechseln, um einen Trost für die Langeweile zu finden.« (Petrarca)

Anlaß kann aber auch die Langeweile angesichts der rationalisierten, institutionalisierten Welt sein, in der nichts Unvorausgesehenes, Neues, Überraschendes mehr hervorbricht: fruchtbare Flucht, fruchtbare Langeweile, Entsetzen gegenüber dem Rationalen, der Wunsch, das Ingeniöse außer sich zu suchen, um es in sich zu finden. »Mich hat der Drang, Vieles zu sehen, durch die Länder und über die Meere gebracht, und dieser Wunsch hat mich schließlich bis zu den letzten Grenzen der Erde geführt, aber es waren im Grunde die Langeweile angesichts der geordneten Dinge und der Haß auf unsere Einrichtungen, die mich getrieben haben.« (Petrarca)

Also doch ein rein pathetischer und nicht notwendigerweise künstlerischer oder philosophischer Sinn der Landschaft?

In Südamerika am Fuß der Anden: ein sonniger Morgen; der Garten. Die Fenster, die bis zum Boden reichen, sind von schwebenden, langen Schleiern verhängt. Draußen das überflutende Licht, der Schatten der Bäume. Die Kontinuität zwischen Haus und Garten; Geborgenheit, denn die noch nicht gesehene, aber geahnte Natur scheint gebannt im menschlichen Raum – mit seiner Ruhe, mit den spielerischen Gegenständen, die im »Innern« überwiegen. Durch das Fenster eröffnet sich dem Betrachter die Natur zunächst in Form von Erinnerungen und Assoziationen, die alles Gesehene in einem Netz einfangen, vorerst wahllos zusammengewürfelt mit Farben, mit Licht und Schatten: glitzernde polymorphe Wirklichkeit. Der Garten – menschliches Werk – reicht als Strand bis an das Meer der Natur heran. Was zeigt aber die sich vor dem Strand des Gartens ausdehnende Natur? Erst Hügel, dann Berge und auf ihren Spitzen – unbeweglich und leuchtend – Schnee: nichts weiter als rein natürliche Phänomene. Lassen sich diese Elemente in menschliche Koordinaten fassen? Ich muß diese Erfahrung festhalten, darf die Eindrücke nicht loslassen, muß versuchen, sie in mir zu klären.

In mir regt sich die Lust an verlorenen Worten, an zerrinnender Zeit, am Gefühl der Unbezwingbarkeit des Entscheidenden. Ich trete aus dem Zimmer; Nebelschwaden schließen sich hinter mir: ein warmer Atemhauch der Gleichgültigkeit in der Spannung der Entfernungen, der Trennungen?

Kahle Bergwände, unangreifbar, rätselhaft, in der Farbigkeit wehender Schleier, Perlmutt mit schimmernden Adern von Blau. Die Ebene vor den Bergen: archäologische, gelbe Erde, Erde der Toten. Im gelben Lehm schwimmen ferne grüne Inseln. Oasen? Bekundung des Lebens? Aber ein Mauergarten in der Wüste hat die gleiche Bedeutung – und zwar die Bedeutung jener Funktion, die sich im Umriß eines Gebäudes, in seinen Flächen, in seinen rätselhaften Wendungen offenbart; wo nur Sand, Lehm, Wüste sich ausbreiten, hat man keinen Anhaltspunkt mehr; die Funktion eines Werkes, wie primitiv es auch sei, ist das einzige Objektive in der ringsum herrschenden Beziehungslosigkeit.

Weiter draußen in der Wüste: die wehenden Sandstürme, Schleier der Nomaden. Die Erde brennt im Sandsturm, sie kehrt zu ihrer ursprünglichen Gestalt zurück: reines Naturphänomen.

Ich bemühe mich, den Sinn des Gesehenen, des Erlebten zu begreifen, die lose nebeneinanderliegenden Elemente in eine Einheit zu zwingen, aber immer wieder reicht es nicht aus, die Mannigfaltigkeit zu umfassen; die Einheit zerbricht, bröckelt ab. Nun könnte doch die Erfahrung der eigenen Unfähigkeit den Ausweg eröffnen, der Natur dadurch einen Sinn zu geben, daß man sie pathetisch mit eben dieser Erfahrung durchtränkte und in eine schon geschilderte Landschaft umwandelte.

Kein Dichter hat mir aber diese Natur gezeigt: Die Stimmung, die sie in mir wachruft, ist eine rein subjektive Regung, ein Zeichen meiner Niedergeschlagenheit, die zu keinerlei sinnvollen Klängen oder Formen gelangt. Ich bleibe bei der Erfahrung meiner eigenen Unfähigkeit stehen, obwohl das Schweigen der Natur mir doch eigentlich zum eigenen Ausdruck verhelfen sollte.

Philosophie muß sich die Bilder und deren pathetische Faszination zurückerobern, um Leben zu gewinnen. Die rationale Anonymität – als Ideal der Sachlichkeit – muß dem »topischen«, »ingeniösen«, »metaphorischen« Philosophieren weichen, wenn die Natur, wenn der Mensch und seine Leidenschaften neuer Gegenstand des Fragens werden sollen.

Landschaft: also doch auf das rein persönliche Erlebnis beschränkt, eine rein psychologische, relative, vielleicht sogar »sentimentale« Erfahrung?

Landschaft wird sonst aber fast ausschließlich durch Kunst – Malerei, Zeichnung, Dichtung – erschlossen. »Die Kunstverständigen und die Menschen mit Geschmack sagen uns heute, daß Renoir ein großer Maler des 19. Jahrhunderts war. Wenn sie aber dies behaupten, so vergessen sie die Zeit – und davon mußte viel vergehen, selbst im 19. Jahrhundert –, die man brauchte, um Renoir als einen großen Künstler anzuerkennen. Um anerkannt zu werden, muß der originelle Maler und Künstler überhaupt in derselben Weise vorgehen wie der Augenarzt. Die Behandlung durch die Malerei oder Prosa wirkt nicht immer angenehm. Wenn der Arzt seine Behandlung beendet hat, so sagt er: Nun schauen Sie. Und da schauen wir hin: Die Welt (die nicht einmalig geschaffen worden ist, sondern so oft wie ein origineller Künstler aufgetreten ist) erscheint uns vollständig verwandelt gegenüber der vorangehenden, aber auch vollständig klar. Frauen schreiten auf der Straße, sie sind Stücke Renoirs, Stücke, in denen wir vorher ablehnten, Frauen zu erkennen. Auch die Wagen und die städtischen Droschken sind Renoirs und das Wasser und der Himmel: wir empfinden es als Bedürfnis, in einem ähnlichen Wald spazierenzugehen, in jenem Wald, der uns am Anfang eher als alles andere als ein Wald erschien, denn er wirkte vielmehr wie eine Tapete mit den verschiedensten Nuancierungen, in denen aber gerade die Nuancierungen des Waldes fehlten. So ist das neue und nicht dauerhafte Universale, das geschaffen wird. Es wird bis zur nächsten geologischen Katastrophe dauern, bis zur Katastrophe, die ein neuer origineller Maler oder Schriftsteller auslösen wird.« So schreibt Proust.

Landschaft als philosophisches Problem erreicht eine erste Bedeutung, wenn sie als Ausdruck der Kunst die Freiheit des Menschen gegenüber der Natur bekundet. »Welt« stellt sich, bevor die Kunst sie gestaltet, als ein Ausschnitt aus der Natur dar, und zwar durch die Vermittlung der Sinne. Sinneserscheinungen weisen aber für uns schwankende Bedeutungen auf; wir müssen ihren Sinn erst »feststellen«, indem wir sie auf ihre lust-, schmerz-, angst- oder hoffnungsvolle Bedeutung zurückführen; jede Sinneserscheinung tritt somit in Form einer Feststellung auf. Weil sich nun wiederum die empirischen »Feststellungen« in ihrem Sinn als unzureichend erweisen, geht der Mensch von ihnen zum »technischen« Wissen über, um angesichts der Unzulänglichkeit empirischer Feststellungen die Rettung des nackten Lebens gegenüber der Natur zu gewährleisten; so versucht der Mensch, sich der Kräfte der Natur zu bemächtigen und sie zum eigenen Nutzen zu lenken. In dem Augenblick, als der Mensch zum ersten Male die Schwerkraft des fallenden Wassers auf ein Rad lenkte, um sich ihre Energie dienstbar zu machen, schuf er eine »künstliche« Natur. Die Griechen nannten das Wissen um diesen Vorgang »Techne« und die Mittel, es zu verwirklichen, »Mechané«. Aber weder empirische Feststellungen noch Entwürfe technischer Art erschließen Landschaft. Die Wirklichkeit erweist sich ursprünglich nicht als eine

Welt sichtbarer, tastbarer, hörbarer, *vor-liegender Dinge*, sondern als eine Welt *möglicher* Bedeutungen. Auf Grund empirischer Feststellungen baut der Techniker z.B. einen Tisch, dessen Wirklichkeit weder in seiner Stofflichkeit – Holz, Eisen, Stein – noch in seinen Bestandteilen – in seinen Beinen, in seiner Platte – besteht; seine eigentliche Wirklichkeit besteht darin, daß er die Voraussetzung zum Trinken, zum Essen, zum freundschaftlichen Beieinandersein oder zum feindlichen Gegenüber, selbst zur Einsamkeit bietet.

Die Wirklichkeit ist grenzenlos durchwoben von *möglichen* Bedeutungen, die wir im Hinblick auf unsere menschliche Verwirklichung beschwören; die Natur liefert uns Stoff und Aufgabe, uns zwischen den Möglichkeiten zu entscheiden, damit wir unter den vielen immer wieder eine verwirklichen. Dies ist die Leistung der Kunst: dic menschliche Freiheit gegenüber der Natur zu offenbaren.

Michelangelo formuliert diesen Zusammenhang so:

Non ha l'ottimo artista alcun concetto,
ch'un marmo solo in sè non circoscriva
col suo soverchio, e solo a questo arriva,
la man, che ubbidisce all'intelletto.
(Sonette, LXXIII, 1547)

Kein Bild hat der beste Künstler in sich,
das nicht ein Marmorblock in sich enthielte,
allerdings mit dem, was darüber hinausgeht;
nur die Hand, die dem Einsichtvermögen folgt,
gelangt zu jenem Bild.

Der Künstler trägt eine Vorstellung in sich, die er auf den Stoff – sei es Farbe, Ton, Stein, Eisen oder Klangmaterial – »überträgt«. Anders ausgedrückt: der Stoff wird auf die innere Vorstellung »reduziert«, »zurückgeführt«: künstlerische »Reduktion«. Wenn die Rede ist von einem Bild, das der Künstler »in sich« hat und das er auf einen Stoff »überträgt«, oder wenn wir von einem Stoff, der auf das »innere Bild« des Künstlers »reduziert« wird, sprechen, so darf kein Mißverständnis entstehen. Damit ist nicht gemeint, daß der Künstler von Beginn an in sich eine »fertige« Auffassung hegt, die er dann nachträglich im Werk verwirklicht, sondern gemeint ist, daß er in der Gestaltung eines Materials, im ständigen Ausscheiden von Möglichkeiten, zur Verwirklichung jener Auffassung gelangt, die er im Werk zu voll-enden sich bemüht. Alles, was der inneren Vorstellung (die sich in jenem Prozeß bildet, durch den der Künstler zu einer Klärung gelangt) nicht vollkommen entspricht, wird verworfen; es ist das »Zuviel«, das Überflüssige (bei Michelangelo heißt es das »soverchio«), das der Bildhauer entfernen muß; indem er nur »eine« Möglichkeit im Steinblock befreit und zum Leben bringt, gelangt er zur Gestaltung seines Bildes.

Der Künstler beschwört die »Möglichkeiten« der Natur und läßt dadurch Landschaft erscheinen! »Die Natur ist immer dieselbe, aber von ihrer sichtbaren Erscheinung bleibt nichts bestehen . . . Was ist hinter der Natur? Nichts vielleicht. Vielleicht alles. Alles, verstehen Sie? Also verschränke ich diese umherirrenden Hände. Ich meine rechts, links, hier, dort, überall diese Farbtöne, diese Abstufungen, ich mache sie fest, ich bringe sie zusammen – sie bilden Linien, sie werden Gegenstände, Felsen, Bäume, ohne daß ich daran denke . . . Die Kunst ist eine Harmonie parallel zu der Natur. Was soll man von jenen Toren denken, die sagen, der Maler sei geringer als die Natur! Er ist ihr nebengeordnet. Wenn er nicht eigenwillig eingreift –

verstehen Sie mich recht ... Die beiden gleichlaufenden Texte. Die gesehene Natur – die dort draußen und die hier drinnen – beide müssen sich durchdringen, um zu dauern, zu leben, ein halb menschliches, halb göttliches Leben, das Leben der Kunst, hören Sie – das Leben Gottes. Die Landschaft spiegelt sich, vermenschlicht sich, denkt sich in mir.« (Cézanne)

Natur als Quelle unheimlicher Möglichkeiten; die menschliche Welt – in der wiederum die Kunst allein einen Ausschnitt darstellt – nur als Verwirklichung *einer* dieser Möglichkeiten. Auf diese Natur bezieht sich Leonardo, wenn er davon spricht, wie er sich in die Dunkelheit einer Höhle beugte und voller Neugier die darin verborgenen Phänomene zu erspähen suchte. Ebenso beugt sich der Künstler über die Dunkelheit seines Stoffes, um zu sehen, ob dort eine Möglichkeit verborgen liegt, die seinen Vorstellungen entspricht, die sich »ent-decken« und verwirklichen läßt. »Angezogen von meinem mächtigen Verlangen, begierig, die große Fülle der verschiedenen und merkwürdigen Formen zu sehen, die von der kunstreichen Natur geschaffen sind, gelangte ich, nachdem ich eine Zeitlang zwischen schattigen Felsen umhergewandelt war, vor die Öffnung einer großen Höhle, wo ich betroffen und unwissend verblieb, dann den Rücken beugte, die linke Hand auf das Knie stützte, mit der rechten die gesenkten und zugekniffenen Lider beschirmte und mich oft hin und her bückte, um zu sehen, ob ich im Innern irgend etwas unterscheiden könnte, was mir aber durch die tiefe, darin herrschende Finsternis verwehrt wurde. Nachdem ich eine Weile so verblieben war, stiegen zwei Gefühle in mir auf: Angst und Verlangen; Angst wegen der drohenden dunklen Höhle, Verlangen zu sehen, ob sie etwas Wunderbares enthalte.« (Leonardo da Vinci)

Sämtliche Stufen der menschlichen Tätigkeit zeigen das gleiche Grundschema: Empirie reduziert die Natur auf eine Unmenge von Feststellungen, die durch die »Übertragung« von Bedeutungen entstehen; Techne wiederum überträgt auf eine Unmenge von Feststellungen »technische« Bedeutungen und erzeugt so jene weite Skala von Mitteln, die dem Menschen zur Rettung gegenüber der Natur dienen. Kunst endlich zeigt die in jedem Stoff liegenden möglichen Sinndeutungen und entscheidet sich zur Offenbarung einer unter vielen: Auch hier tritt die Natur immer als Fülle unendlicher Möglichkeiten auf, von denen jede Zeit, jeder Künstler jeweils nur eine verwirklicht. Goethe wollte und konnte bei seiner Fahrt über die Alpen die Gebirgslandschaft nicht erblicken, weil sie für ihn nur etwas Chaotisches und Ungeheuerliches bedeutete. Kurz danach entdeckten und bevorzugten aber die Romantiker eben jene Landschaft, die Goethe nicht »gesehen« hatte. Später wurde sie wiederum abgelehnt, und Baudelaire entdeckte als Landschaft die Stadt in ihrer Ungeheuerlichkeit.

Landschaft tritt damit immer als Übertragung eines im menschlichen Geist angelegten Bildes auf; ihre »Entdeckung« ist davon abhängig. ». . . der Mensch, heimgesucht von traurigen Wechselfällen, sucht jeweils und jäh eine völlige Übereinstimmung mit allem. Damit will er wieder eine Übereinkunft mit dem immer wieder gestörten, unterbrochenen Sein finden. Es handelt sich um eine unreale Heimfahrt in das Widerspruchsvolle alles Erlebens, um eine Verstörung des Gegensätzlichen. Das gelingt nur durch ständige Übertragung, das heißt durch Verbildlichung, durch eine spannungsvolle Metapher. Nur die Metapher zeugt von dem Zustand unserer ständigen Veränderlichkeit, und zwar auf einer anderen Ebene, auf derjenigen der Dichtung und Kunst. Sich zur Metapher, zum stets wandelnden Gleichnis zu machen, heißt sich sozusagen entneutralisieren, heißt sich dem Zwang der Naturgesetze entziehen ... Wir stehen also vor der entscheidenden Aufgabe, Maß und Willkür miteinander zu verbinden. Das lernen wir nicht am veralteten Sprachgut oder aus alten Enzyklopädien. Wir finden es nur in der Irrationalität des eigenen Erlebnisses und in der Rationalität einer neuen Sprache.« (R. Cacciatore)

Landschaft hat eine zweite prinzipielle Bedeutung: durch die Erlebnisse, die mit ihr zusammenhängen, erkennen wir, daß die uns bedrängenden Fragen nicht in einem ort- und zeitlosen Raum entstehen, sondern immer in einem Hier und Jetzt. Aber auf welche Weise und mit welchen Mitteln, wenn der Gegenstand der Philosophie angeblich schlechthin mit Wahrheit oder Irrtum zu tun hat, während die Landschaft niemals unter diesen Kategorien angegangen werden kann? Die philosophische Wichtigkeit der Landschaft kann erst dann erkannt werden, wenn man sich von der Auffassung des Philosophierens als einem Prozeß von Schlußfolgerungen, die aus notwendigen und allgemeinen Prinzipien abgeleitet werden, entfernt hat.

Als Descartes die Ableitungen aus einer ersten Wahrheit zur Hauptaufgabe der Philosophie machte, verwandelte er den Gegenstand und die Art des philosophischen Prozesses; es ging ihm darum, den Vorrang des Wahren zu behaupten und zur Geltung zu bringen. Die sich aus solchen Voraussetzungen ergebende rationale Philosophie ist *anonym*, denn der Prozeß des Schließens vollzieht sich nach Regeln, nach Gesetzen, die jeder anwenden kann und muß; sie ist *unabhängig von Ort und Zeit*, denn die Gesetze der rationalen Tätigkeit müssen überall und zu jeder Zeit dieselbe Gültigkeit haben; sie ist ihrem Wesen nach *unpathetisch*, denn die Ratio steht jeder leidenschaftlichen Regung fern und übt selbst keine pathetische Wirkung aus. Leidenschaften können die rationale Tätigkeit nur verfälschen; andererseits können rationale Erwägungen niemals Leidenschaften wecken oder besänftigen. Trauer, Hoffnung, Angst oder Lust werden durch Bilder beschworen. Endlich: der rationale Inhalt kann nur die rationale Aussageform haben, denn jede andere Form wäre unsachlich, sie würde als »literarisch«, als »rhetorisch«, als der Philosophie fremd gelten.

Als letzter Repräsentant der humanistischen Tradition lehnte sich Gian Battista Vico gegen jenes Philosophieren auf, das für das moderne Denken maßgebend werden sollte, und versuchte, das Wesen der humanistischen Tradition erneut zu begründen und zu retten. Vico war der Überzeugung, daß die Philosophie sich auf Grund ihres cartesianischen Ideals, d.h. im alleinigen Hinblick auf den Vorrang des Wahren und auf die Ableitung aus einer ersten Wahrheit, zwar »kritisch« – das Wahre vom Falschen trennend – gestalte, aber dadurch jeglichen »ingeniösen« Charakter einbüßen würde.

Bereits in der Antike wurde behauptet, daß das Gebiet des Wissens nur das umfaßt, was mit Regelmäßigkeit zutrifft; denn was auch anders sein kann, also das Gebiet des Möglichen, des »Wahrscheinlichen«, kann nicht rational abgeleitet werden. Klammert man aber den ganzen Bereich des Wahrscheinlichen aus der Philosophie aus, dann hat sie auch nicht mehr Kunst, Redekunst, Geschichte oder politisches Denken zum Gegenstand, da diese ebenfalls in den Bereich des Wahrscheinlichen gehören.

Die humanistische philosophische Tradition leugnet nun den Vorrang des Wahren, weil sie dem Möglichen, dem Wahrscheinlichen eine wesentliche Bedeutung zuschreibt. Sie sieht das Wesentliche nicht in der Bestimmung eines ersten Wahren und in den daraus folgenden Schlüssen, sondern im »Finden«, in der »inventio« der ersten Prinzipien unseres Erkennens und Verhaltens, in der »inventio« des Wahren und des Wahrscheinlichen.

Die Hinwendung zu den ursprünglichen Prinzipien,

die als »erste« nicht ableitbar sind, bedeutet eine Erhellung jener Tätigkeit, die die Griechen »Nous«, die Lateiner »Ingenium« nannten. Das Problem, das die Humanisten beschäftigte, war das einer »ingeniösen« oder, nach Vicos Definition, »topischen« Philosophie, sofern Topik traditionell als die Lehre vom »Finden« der Argumente in einer Diskussion galt.

Wenn das Ursprüngliche, das »Archaische« im Sinne des Herrschenden und daher Einordnenden, nicht ableitbar ist, so besteht das wesentliche Problem der Philosophie nicht im Prozeß der rationalen Ableitung, sondern im »Erwecken«, im »Beschwören« und »Finden« des Ursprünglichen. Alle Mittel, die dazu verhelfen, weisen einen »ingeniösen«, erfinderischen, topischen Charakter auf.

So stehen rationale, kritische und ingeniöse, topische Philosophie einander gegenüber. Die zweite ist im höchsten Maße *persönlich*, individuell, denn die »inventive« Energie – als ursprüngliche, nicht ableitbare Gabe – kann niemals vorentworfenen Schemata folgen, sondern sich nur entsprechend der Fähigkeit jedes einzelnen verwirklichen; sie ist in ihrem Ansatz, ihrer Anregungsmöglichkeit immer *an Ort und Zeit gebunden*, denn die ingeniöse Tätigkeit bricht nur plötzlich, unter ganz bestimmten Umständen und konkreten Anlässen hervor; sie wird *von den pathetischen Zuständen getragen*, gefördert oder verhindert. Endlich erhält in der »ingeniösen« Philosophie das Problem der *Form der Rede* eine prinzipielle Bedeutung, insofern als jede Rede pathetisch wirken soll – Philosophie und Rhetorik werden hier innigst miteinander verknüpft.

Deswegen werden alle persönlichen, alle orts- und zeitgebundenen Elemente der Handlungen, der Rede – die wir heute unter dem gemeinsamen Nenner Praxis zusammenfassen – innerhalb der humanistischen Tradition philosophisch bedeutsam. Die ingeniöse Tätigkeit kann nur in einem bestimmten Augenblick, an einem bestimmten Ort, im Verkehr mit bestimmten Menschen, im Zwang der Verwirklichung einer bestimmten Aufgabe hervortreten.

Hieraus erklärt sich die Wichtigkeit der Freundschaft, der persönlichen Beziehungen im Briefwechsel, die Bedeutung des gegenseitigen Vertrauens, der Anregung durch die Überraschung, durch das Neue, durch das Unerwartete, Unvorhergesehene – die Bedeutung all jener Elemente also, die die rationale Philosophie bis zum heutigen Tag in ihrer Ablehnung der Rhetorik und der anderen humanistischen Fächer als unphilosophisch und unwissenschaftlich betrachtet.

»Gib uns jenen Ort, jene Ruhe, jenen Tag, deine Aufmerksamkeit, jene damalige geistige Haltung, dann werde ich auch heute das vollbringen, was ich damals leistete. Aber nun ist ferne der Ort, wo wir damals weilten, verloren auf immer jener Tag, verloren seine Ruhe.« (Petrarca)

»Endlich, mein Freund, überreiche ich dir dieses Büchlein, das ich über ein so wichtiges Thema wie die Unwissenheit meiner selbst und vieler anderer ... verfaßt habe ... Wenn du es aber liest, so mußt du dir vorstellen, ich würde mit dir sprechen, wie du es gewohnt bist, am Abend, neben dem Feuer, so wie mich gerade im Augenblick die Leidenschaft zum Reden verführte.« (Petrarca)

Bedeutsamkeit der Bilder in der Rede, Bedeutsamkeit der pathetischen Struktur des Philosophierens, zu dessen Anlässen die Landschaft mit ihren geheimnisvollen Zeichen gehört. Aber vergebliche Mahnung! Es ist ähnlich wie in einer Fabel des Polizian, mit der er gegen die rationalistische mittelalterliche Philosophie protestierte. Auch Fabeln bestehen aus Bildern. In der Eröffnungsrede zu seiner Interpretation der »Analytica posteriora« von Aristoteles, die er im »Studio« von Florenz im Wintersemester 1492–1493 hielt, erzählte Polizian seinen Studenten die Geschichte der Nachteule, jenes ursprünglichen Symbols der wirklichen Weisheit.

»Die Vögel kamen dereinst fast alle zur Nachteule und baten sie, in Zukunft nicht mehr in den Mauerhöhlen der Häuser zu nisten, sondern in den Zweigen der Bäume und im Laub, wo es hübscher grünt. Ja, sie zeigten ihr eine Eiche, jung an Wuchs, klein, zart, auf der – wie sie sagten – die Eule bequem sitzen und ihr Nest bauen könne. Aber sie weigerte sich, das zu tun, ja, sie gab im Gegenteil ihnen den Rat, sich diesem Bäumchen nicht anzuvertrauen, es trüge nämlich Misteln, die Pest der Vögel. Sie aber mißachteten, leichtsinnig wie Vögel einmal sind, den Rat der weisen Eule. Kaum war die Eiche herangewachsen, schon breitästig, schon voller Laub: siehe, da flogen die Vögel alle in Scharen in ihr Gezweig, vergnügten sich, hüpften, spielten und sangen. Inzwischen hatte die Eiche die Mistel hervorgebracht, und die Menschen bemerkten es: im Nu klebten all die armen Kleinen daran, und vergebens kam sie späte Reue an, daß sie jenen heilsamen Rat verschmäht hatten. Und daher kommt es, sagt man, daß nun alle Vögel, wenn sie die Nachteule sehen, sie immer wieder begrüßen, sie mit sich ziehen, ihr folgen, um sie herumsitzen und um sie herumfliegen. Nämlich ihres Rates eingedenk, bewundern sie sie nun alle als weise und drängen sich in dichter Schar an sie, als ob sie von ihrer Weisheit lernen könnten. Aber ich glaube umsonst, im Gegenteil, eher zu ihrem großen Schaden. Denn jene alten Eulen waren in der

Tat weise, jetzt jedoch gibt es viele Eulen, die zwar die Federn von Eulen haben und die Augen und Schnäbel, Weisheit aber haben sie nicht.«

Auch heute sehen die Eulen keine Landschaft.